ADICCIÓN AL JUEGO DE AZAR

Chóliz Montañés, Mariano
    Adicción al juego de azar. - 1a ed. - Buenos Aires : Deauno.com, 2008.
    142 p. ; 21x15 cm.

    ISBN 978-987-1462-86-5

    1. Adicciones. I. Título
    CDD 155.232

Texto: Mariano Chóliz Montañés
Ilustraciones y diseño de portada: Sara Chóliz Sanz

Primera edición

ISBN: 978-987-1462-86-5

Hecho el depósito que marca la Ley 11.723

Impreso en el mes de diciembre de 2008 en
Bibliográfika, de Voros S.A.,
Buenos Aires, Argentina

MARIANO CHÓLIZ

ADICCIÓN
AL JUEGO DE AZAR

deauno.com

I. JUEGO Y CONDUCTAS ADICTIVAS

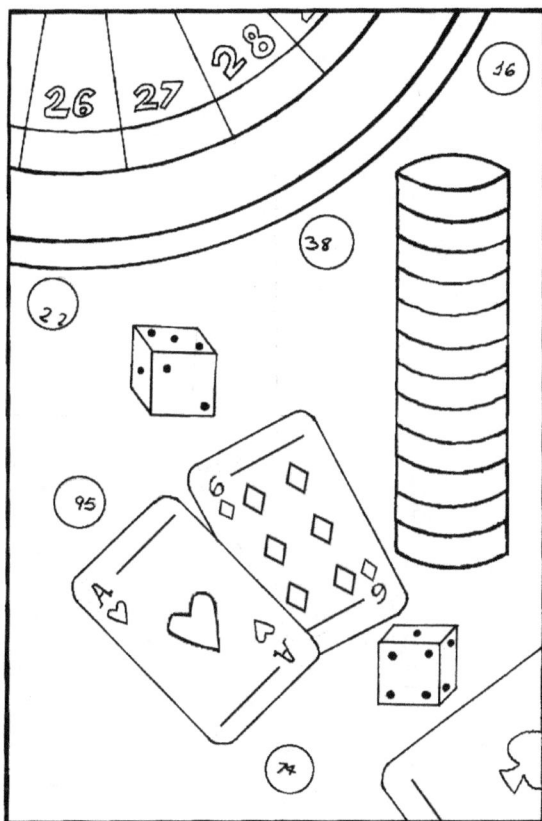

EL JUEGO

El juego es una de las actividades más relevantes en el desarrollo psicológico. Es necesario para la adquisición de habilidades cognitivas, así como para el entrenamiento en el control emocional y el establecimiento de pautas apropiadas de interacción social. En muchos casos es placentero en sí mismo y es por ello que se ejecuta, no tanto para conseguir objetivos externos, sino simplemente por el interés que suscita, o el placer que conlleva. El juego es característico y necesario durante la infancia, pero en realidad se trata de una actividad que suele llevarse a cabo en mayor o menor medida durante todo el ciclo vital. Sin ánimo de ser exhaustivo, podemos indicar algunas de las funciones psicológicas más relevantes, tales como las siguientes:

a. Facilita la **integración** de las **experiencias**. El juego representa en muchos casos una simulación de la realidad y permite ejecutar acciones que fuera de la propia actividad de juego pudieran ser incluso peligrosas. Además, durante la infancia el juego permite acercarse a la realidad y descubrir las leyes físicas o las normas sociales que la gobiernan.

b. Desarrollo de **habilidades sociales**. En ocasiones el juego es una actividad social, una representación de la interacción con otras personas. Como cualquier otra habilidad, las relaciones sociales requieren entrenamiento y el juego suele ser una forma extraordinaria de entender fórmulas sociales como la jerarquía, relaciones igualitarias, cumplimiento de normas, etc.

c. Entrenamiento en **resistencia a frustración**. A veces uno de los objetivos del juego es conseguir vencer a un contrario, adquirir cierta habilidad, lograr un elevado rendimiento, o alcanzar determinadas metas u objetivos. No obstante, no siempre no se pueden alcanzar fácilmente dichos niveles de ejecución y, en el caso concreto de los juegos de competición, puede que sólo haya un ganador. Siempre que no se magnifique la importancia de la victoria o la derrota, es decir, cuando conseguir ganar a los demás no es el único objetivo, el juego facilita el entrenamiento en superar la frustración de no conseguir fácilmente lo que se pretende, pese a lo cual, se sigue intentando. El entrenamiento en soportar la frustración es especialmente apropiado porque es muy probable que nos veamos sometidos a otras situaciones que la provocan en diferentes ámbitos (sociales, laborales) y es preciso resolverlo de la forma conductualmente más apropiada y emocionalmente menos perturbadora.

d. Incrementa la **motivación intrínseca**. Otras veces el juego no tiene como finalidad ganar o perder, sino simplemente divertirse ejecutando una acción placentera o entretenida. En este caso, la principal misión del juego es, simplemente, jugar. Las actividades que favorecen *reto* personal, que suministran *feedback* de la actuación y cuya acción es *absorbente* pueden llegar a provocar lo que se denomina "**flujo**", una experiencia con un componente motivacional muy poderoso, que mantiene e incita a la acción, pero también cargada de un tono hedónico placentero, que provee de sensaciones agradables mientras se lleva a cabo (Csikszentmihalyi y Csikszentmihalyi, 1998).

Por último, aunque no se trata propiamente de una de las funciones que deba tener el juego, en ocasiones permite la realización de acciones que están vetadas socialmente, especialmente aquéllas que tienen componentes agresivos. Ésta es una de las cuestiones sobre las que es preciso prestar más atención, puesto que los juegos de contenido violento pueden ser instrumentos de modelado y de moldeamiento de la agresividad, o cuando menos de permisividad y aceptación de la violencia. La literatura científica hace tiempo que descartó, por equivocada, los efectos beneficiosos de la catarsis de la violencia (Berkowitz, 1996).

Pese a la indudable importancia del juego para el desarrollo personal, en el aprendizaje, o como una actividad con un destacado papel motivacional, el abuso del mismo también puede acarrear problemas. En algunos casos la implicación excesiva en alguna actividad específica puede conducir a conductas de abuso o dependencia. De hecho hay una serie de juegos que, por sus características especiales facilitan (incluso inducen) el que se dedique demasiado tiempo o recursos a los mismos. Los más característicos son la adicción al juego de azar y la dependencia a los videojuegos, esta última una de las manifestaciones más características de las denominadas "*adicciones tecnológicas*" (Griffiths, 1995).

... Y LAS ADICCIONES NO TÓXICAS

El término "adicción" según la ley romana significa sumisión, o capitulación a un dueño, o amo. De hecho se apelaba a la misma como justificación de la esclavitud. Quizá sea ésta una de las acepciones que, por poco conocida, no deja de ser relevante, ya que incide en uno de los aspectos principales de los procesos adictivos, que es la *dependencia* de un amo. El dueño puede ser el alcohol, los opiáceos, o el juego y se precisa de él para conseguir un estado de bienestar (físico o mental) que lo normal y adaptativo sería poder alcanzarlo sin necesidad de tan oneroso señor. La dependencia se completa cuando el objetivo no es tanto conseguir placer, como superar el malestar que se produce por la privación. En definitiva, y éste es un aspecto singular que nos gustaría resaltar en primer lugar, *las adicciones representan una de las formas más absurdas de atentado contra la libertad personal*. Con independencia de las posibles causas que originan o facilitan la adicción, finalmente uno es dependiente de sus propias acciones.

En principio, cualquier tipo de dependencia es indeseable, insana y de cualquier forma disfuncional y hasta desajustada. No es adaptativo depender del tabaco para concentrarnos en una tarea, como tampoco es sano depender del alcohol para divertirse, consumir éxtasis para sentirse feliz, o depender de la cocaína para rendir eficazmente en el trabajo o en el sexo. Pero tampoco lo es depender del juego de azar para recuperar pérdidas económicas sufridas por el propio juego, del trabajo para mantener autoestima, del cónyuge para tomar decisiones, o de la religión para pensar. En todos estos casos, la persona debería ser capaz de resolver los problemas que se le presentan sin depender para ello de agentes externos como los que hemos mencionado. No quiero decir con esto que nunca haya que beber alcohol, jugar o casarse, sino que no es adaptativo depender de ellos para resolver problemas que requieren otro tipo de soluciones funcionalmente más apropiadas. Y que el círculo se cierra definitivamente cuando los problemas aparecen precisamente por la propia repetición de la conducta.

Las adicciones a sustancias tóxicas tienen un inconveniente añadido, que es el de que perjudican seriamente la salud (como reza en algunas cajetillas de tabaco), por lo que los problemas que provoca la dependencia (ya de por sí importantes) se agravan por el daño que puede llegar a producir en el organismo el abuso del consumo de una sustancia tóxica. Siendo esto cierto, mucho antes de que se produzca el cáncer de pulmón, el síndrome de inmunodeficiencia adquirida o la cirrosis hepática, la adicción ya ha provocado daños que afectan a la calidad de vida y al ajuste psicológico personal, ha limitado (y empeorado) nuestras relaciones sociales y familiares, minado nuestra autoestima, desorientado los principales mecanismos cognoscitivos implicados en la toma de decisiones y alterado nuestra vida afectiva hasta el punto de convertir la situación en insoportable.

Antes de centrarnos en lo que asemeja y diferencia a ambos tipos de adicciones, es necesario indicar que el propio concepto de adicción no aparece como categoría diagnóstica en ninguna de las versiones del DSM, que distinguen más bien entre abuso y dependencia de sustancias. El juego patológico aparece en el DSM-III y se ha mantenido como tal en las sucesivas ediciones del manual en el apartado de "Trastornos en el control de los impulsos". No obstante, se trata de una cuestión a debate (Petry, 2006; Potenza, 2006) y muchas son las opiniones autorizadas que defienden que el juego patológico es una conducta adictiva con características similares a las drogodependencias (Dickerson, 2003)

1. Semejanzas entre adicciones no tóxicas y drogodependencias

Hay una serie de características que comparten tanto la dependencia a sustancias tóxicas (las denominadas drogodependencias), como las adicciones no tóxicas (también llamadas adicciones psicológicas o comportamentales), hasta el punto de que podemos considerar que se trata de un problema similar en lo que a los procesos psicológicos implicados se refiere. Así, tanto unas como otras se caracterizan por lo siguiente:

a. Secuencia similar del síndrome de abstinencia. El síndrome de abstinencia característico de las drogodependencias, así como de las adicciones no tóxicas se distingue por un patrón conductual similar (Echeburúa, 1999). La secuencia conductual de dicho síndrome es la siguiente:
- *Impulso a repetir una conducta desadaptativa, o perniciosa.* Inicialmente, la conducta en sí misma puede que no sea propiamente nociva; en ocasiones incluso puede llegar a ser útil, como es el caso del juego o del consumo de ansiolíticos. El problema surge cuando la repetición excesivamente frecuente tiene como consecuencia intoxicaciones, o efectos perjudiciales. Tanto en el caso de las drogodependencias como en el de las adicciones no tóxicas, la repetición excesiva de la conducta (lo que en drogodependencias se denomina *abuso*) suele tener consecuencias indeseables antes incluso de que pueda hablarse de adicción.
- *Acumulación de tensión hasta que se completa la conducta.* El impulso se incrementa en relación al tiempo de privación. En cuanto aparece el estado de necesidad, cuanto más tiempo pasa mayor es el impulso. Pero esto ocurre hasta un cierto momento, pasado el cual el impulso se reduce hasta el punto que se puede decir que, en condiciones normales, la necesidad se reduce conforme pasa el tiempo. Otra cosa es que sea más

o menos fácil de soportar, o que existan diferencias en este aspecto en función de las características de la sustancia, o de la propia conducta adictiva.

- *Alivio rápido, pero temporal, de la tensión.* Una vez ejecutada la conducta o consumida la sustancia, la tensión se reduce hasta el punto de que este estado placentero, o de reducción del malestar se convierte en un potente reforzador del consumo.
- *Retorno gradual al impulso.* Pese a ello, el alivio es temporal y, cuanto mayor es la adicción, menor es dicho intervalo. Al poco tiempo vuelve a producirse un incremento de tensión, que genera malestar y que se suele resolver volviendo a consumir, cerrándose el círculo vicioso de la conducta adictiva.

Las fases a las que nos acabamos de referir consisten en estados motivacionales que impelen a la ejecución de la conducta, en este caso consumir o jugar, lo cual evidencia la necesidad de analizar dicho comportamiento como una conducta motivada (Chóliz, 2003).

b. **Procesos implicados en la adquisición y consolidación.** Como muchas otras conductas (nos atreveríamos a decir que **más** que cualquier otra conducta), las adicciones consisten en patrones comportamentales firmemente consolidados, estereotipados y resistentes al cambio o a la extinción. Es por ello que, para entender objetivamente este fenómeno, debamos atender muy especialmente a los procesos de aprendizaje y condicionamiento que están a la base de cualquier conducta y que son los responsables a la hora de mantener el hábito de una manera consistente y estable (Domjam, 2003).

- *Efectos iniciales.* En un primer momento la conducta se ejecuta para conseguir un objetivo que se anhela. Nótese que no indicamos que se trate de algo intrínsecamente agradable puesto que en algunos casos, especialmente cuando se trata de sustancias tóxicas, las primeras experiencias pueden ser más bien aversivas (intoxicaciones de tabaco y alcohol principalmente). No suele ser el caso de las adicciones no tóxicas ya que, como su propio nombre indica, estas conductas en principio no tienen efectos fisiológicos desagradables. Pero nos sirve esta precisión para indicar que los objetivos que se pretenden con las conductas adictivas pueden ser muy variados. En algunos casos, como el tabaco o el alcohol, las pretensiones iniciales pasan por alcanzar estatus, fomentar relaciones sociales, etcétera y ello es suficiente para obviar los perjuicios de una eventual intoxicación inicial. En otros es la búsqueda de placer o el tener experiencias nuevas y excitantes lo que motiva al consumo.

- Los procesos de aprendizaje preasociativo (habituación y sensibilización) dan cuenta de las reacciones iniciales ante el consumo. Como hemos señalado, los efectos iniciales de algunas drogas pueden ser desagradables. Mediante la habituación el organismo deja de reaccionar de manera intensa ante los estímulos incondicionados, es decir, la sustancia o los efectos de la propia conducta. Los procesos de habituación favorecen que desaparezca, o que se mitigue dicho efecto aversivo y se consoliden los apetitivos, todo lo cual facilita el ulterior consumo. Las diferencias individuales en la habituación a estos efectos nocivos son uno de los elementos más relevantes en la vulnerabilidad a la dependencia.

- Por otra parte, el consumo de la droga, o la ejecución repetida de la conducta suele tener como consecuencia la obtención de los efectos deseables (sensaciones agradables, mitigación de displacer, ganancia de dinero con el juego…). Se trata de refuerzos positivos que aumentarán la probabilidad de que en situaciones similares se vuelva a repetir la conducta. Comoquiera que los efectos del consumo pueden variar en cada ocasión (no siempre se gana cuando se juega, el alcohol no favorece siempre la sociabilidad, etcétera), la conducta se mantendrá de manera más consistente, como es característico de los *programas de reforzamiento parcial.*

- *Control mediante claves externas e internas.* Una vez que la conducta se repite en circunstancias que pueden llegar a ser parecidas, los estímulos asociados a ellas se convierten en *estímulos condicionados y discriminativos.* Hay que precisar que dichos estímulos no se limitan a los eventos físicos que pueden aparecer en el contexto (que por supuesto tienen relevancia), sino que estímulos personales (y de alguna manera internos) también juegan un papel fundamental. Se trata de cogniciones, sensaciones interoceptivas, reacciones emocionales, estado afectivo y un largo etcétera de procesos psicológicos que *se asocian a la conducta adictiva en cualquiera de las etapas de la misma y que llegan a ejercer un importante control sobre ella.*

- El hecho de que la conducta adictiva esté controlada por estímulos (sean éstos externos o internos) será fundamental a la hora de establecer los apropiados programas de intervención, tanto para evitar que aparezca la conducta durante las fases iniciales del tratamiento, como para **descondicionar** posteriormente todos los elementos que se han asociado a la adicción y que la están manteniendo. Asimismo, es fundamental atenderlos para saber cuáles serán las condiciones que pueden facilitar una recaída posteriormente y así dotar de recursos psicológicos para prevenirlas.

- *Desarrollo de tolerancia.* Tolerancia y abstinencia son dos de los elementos principales de la adicción y quizá los que la singularizan respecto a otras formas de conducta. Respecto a la *tolerancia,* es característico que la repetición de la conducta adictiva tenga como consecuencia que la calidad o intensidad del refuerzo sea cada vez menor o, lo que es lo mismo, que haya que ejecutar la conducta con mayor frecuencia o intensidad para obtener los resultados iniciales. Es muy importante indicar que los procesos responsables de la tolerancia no son exclusivamente químicos o fisiológicos, a pesar de ser un concepto importado desde la farmacología, sino que en muchos casos la tolerancia más importante es la *provocada por estímulos condicionados, es decir, tolerancia conductual o condicionada, incluso en el caso de las drogodependencias* (Siegel, 1975). En estos casos, los estímulos condicionados asociados a la droga provocan una RC contraria a la RI y disminuyen los efectos del EI.

- *Aparición de síntomas de abstinencia.* La *abstinencia* hace referencia al hecho de que la privación de la ejecución de la conducta adictiva provoca una reacción fisiológica y psicológica contraria a los efectos característicos de la sustancia. Se trata, en cualquier caso, de una experiencia emocionalmente desagradable, cuya intensidad se va incrementando conforme aumenta el periodo de privación (hasta un punto máximo a partir del cual decrece) y que se suele resolver volviendo a ejecutar la conducta. Se trata de un proceso especialmente crítico porque el hecho de volver a consumir para reducir el malestar que provoca la privación supone cerrar el círculo adictivo. *La reducción del malestar refuerza negativamente la conducta adictiva y ésta se consolida.* Y ya se sabe que las conductas mantenidas bajo programas de reforzamiento negativo son extraordinariamente resistentes a la extinción (Ferster y Skinner, 1957). Los efectos biológicos de la abstinencia son contrarios a los que provoca la droga (tensión en el caso de las sustancias tranquilizantes, aletargamiento en el de las excitantes), pero en cualquier caso siempre se trata de una situación emocionalmente displacentera. El adicto aprende a reducir este malestar volviendo a consumir, a pesar de que efectivamente existen otras alternativas para resolverlo que son más adaptativas, útiles y saludables. Este fenómeno es el responsable de que el consumo (o el retorno a la conducta adictiva) *se haga más probable cuando posteriormente vuelva a padecer unos síntomas similares, aunque las causas en ese momento sean distintas de la privación del consumo.* Éste es un aspecto de crucial importancia, puesto que las situaciones que provocan malestar emocional (que pueden ser muchas otras además de la privación de la conducta adictiva) son momentos especialmente críticos en los que es probable que se produzcan las **recaídas**.
- *Reducción de otras conductas adaptativas.* La adicción supone un ingente gasto tanto de recursos psicológicos como de tiempo (búsqueda de droga o de situaciones de juego, conductas ritualizadas, obsesión por conseguir los objetivos pretendidos, etcétera). La fascinación inicial se convierte en obsesión

por llevar a cabo unas conductas para conseguir unas metas que podrían alcanzarse más fácilmente de otra manera y que, además, ello reportaría menos perjuicios. Por una mera cuestión de probabilidad, cuando una conducta se repite con mucha frecuencia y llega a comprometer totalmente la actividad cotidiana (tal y como lo hacen las adicciones), la consecuencia más inmediata es la reducción o desaparición (por el desuso) de las demás conductas, muchas de las cuales pueden ser potencialmente beneficiosas para la persona. Cuando un adolescente pasa demasiado tiempo jugando con la videoconsola reduce el tiempo que dedica a realizar otro tipo de actividades (deportivas, de ocio o relaciones sociales). Al cabo del tiempo, esas actividades dejan de formar parte de su repertorio de conductas y el joven se encuentra sin habilidades sociales o recursos personales, lo cual hace que cada vez les dedique menos tiempo (e incluso los evite) y se implique todavía más en la conducta adictiva, cerrándose de nuevo un círculo vicioso tan desadaptativo como vacuo.

- *Deterioro en las relaciones sociales, familiares o laborales.* La reducción de conductas alternativas apropiadas no tiene como única consecuencia la limitación del repertorio conductual individual, sino que además el abuso de la conducta adictiva suele tener graves repercusiones no sólo para la salud o el ajuste personal, sino también para el bienestar de quienes le rodean. Accesos de ira, excesiva activación o cambios bruscos de humor, ruina económica, desestructuración familiar y un largo etcétera son algunas de las graves consecuencias que tienen las adicciones sobre quienes están a su alrededor. La convivencia se hace más difícil, máxime cuando aparecen conductas antisociales como consecuencia de la perturbación que produce la dependencia, o como medio de conseguir realizar de nuevo la conducta adictiva.

2. *Diferencias entre adicciones no tóxicas y drogodependencias*

Así pues, tanto las adicciones no tóxicas, como las drogodependencias, comparten las características esenciales de lo que podemos denominar *dependencia*. Y pese a que no se distinguen en este aspecto en lo sustancial, sí que es cierto que entre ambos tipos de adicciones existen diferencias notables, que las singularizan. Las adicciones no tóxicas se distinguen de las drogodependencias en algunos aspectos significativos, tales como los siguientes.

a. No existe una **sustancia química** responsable de la adicción. Las adicciones no tóxicas se definen específicamente por el hecho de que no existe dependencia a ninguna sustancia que tenga efectos perjudiciales en el organismo. Ciertamente que las drogodependencias (anteriormente denominadas toxicomanías) son ejemplos preclaros y característicos de las adicciones y así se han tenido en cuenta en los diferentes niveles educativos, clínicos, psicopatológicos, sociales y aun políticos. Incluso todavía hoy en las clasificaciones utilizadas en psicología y psiquiatría (tal como en el DSM-IV-TR, por ejemplo) el concepto de dependencia viene asociado exclusivamente a los trastornos que puede acarrear el abuso de sustancias. Así, la adicción al juego, por ejemplo, se define como "juego patológico" y se clasifica dentro del apartado de "otros trastornos del control de los impulsos", apartado que incluyen alteraciones como tricotilomanía o piromanía. Aunque es evidente que uno de los elementos especialmente relevantes de la adicción al juego es una patente incapacidad para controlar el impulso a jugar, cualquier otra drogodependencia también se caracteriza por no poder dejar de consumir, ya que la dificultad en controlar los impulsos es uno de los aspectos definitorios de la conducta adictiva. No obstante, existen otras variables relevantes, tales como tolerancia, abstinencia, reducción de otras actividades, etcétera que también son características de la dependencia y que aparecen claramente en las adicciones no tóxicas. Cabe destacar en este apartado que los fenómenos de tolerancia y abstinencia no sólo se producen ante sustancias, ni la acción de las mismas es exclusivamente farmacológica o bioquímica. Como hemos indicado, *tanto la tolerancia, como la abstinencia condicionada están provocadas no por la propia sustancia en sí, sino por los estímulos (externos e* *internos) asociados al EI*, que en muchos casos llegan a tener no sólo una influencia mayor que los procesos químicos, sino que perduran durante mucho más tiempo. *Los estímulos condicionados asociados a la adicción siguen provocando respuestas condicionadas de tolerancia o abstinencia mucho tiempo después de que el organismo esté desintoxicado* y libre de los procesos de tolerancia farmacodinámica y farmacocinética (Siegel, 1975, 1984; Siegel, Hinson, Krank y McCully, 1982).

b. Menor frecuencia de **politoxicomanía**. A pesar de que el juego de azar (especialmente las máquinas tragaperras) está relacionado con el tabaco y consumo de alcohol, no suele ser tan común la presencia de policonsumo, como sí que ocurre en drogodependencias. Uno de los principios del condicionamiento es que no todos los estímulos tienen la misma capacidad de asociación, sino que existen propiedades estimulares, en este caso la de pertinencia, que favorecen el condicionamiento entre determinado tipo de estímulos preferentemente (Domjan, 2003). Este principio explica las preferencias por determinados estímulos en procesos como el condicionamiento aversivo al sabor y, evidentemente, también en drogodependencias. De este modo, es mucho más probable la asociación entre drogas por sus efectos interoceptivos, que pueden potenciar los efectos deseados o contrarrestar los aversivos. Incluso existen modelos teóricos que describen el desarrollo de la drogodependencias por diferentes fases, iniciándose con alcohol y tabaco hasta llegar a opiáceos o psicofármacos. En cualquier caso, el consumo de las sustancias se mantiene aunque se vayan añadiendo otras. El caso del consumo de sustancias en el juego de máquinas de premio se explica principalmente porque éstas suelen estar ubicadas en bares y salones donde se permite fumar y se venden bebidas alcohólicas y el juego se asocia a su consumo.

En resumen, podemos indicar que existen una serie de características definitorias de la adicción que comparten tanto las drogodependencias, como las adicciones no tóxicas y que la singularizan hasta el punto de distinguirla de cualquier otro problema psicológico o psicopatológico. *Estas características son: 1) tolerancia, 2) abstinencia, 3) pérdida de control de impulsos, 4) control de la conducta mediante claves externas e internas, 5) pérdida de interés por otras actividades gratificantes y 6) interferencias con otras actividades cotidianas.*

La adicción presenta una secuencia evolutiva característica. Es un proceso que se va consolidando. Por lo general se inicia con una conducta inicialmente deseable, que no tiene por qué ser intrínsecamente perniciosa, pero que se va convirtiendo en demasiado frecuente. A medio plazo comienzan a aparecer consecuencias indeseables (toxicidad, deterioro físico, mental, o social) como consecuencia del abuso de dicha conducta, pero la persona es incapaz de abandonarla. Finalmente la adicción se retroalimenta a sí misma y se consolida.

II. ADICCIÓN AL JUEGO DE AZAR

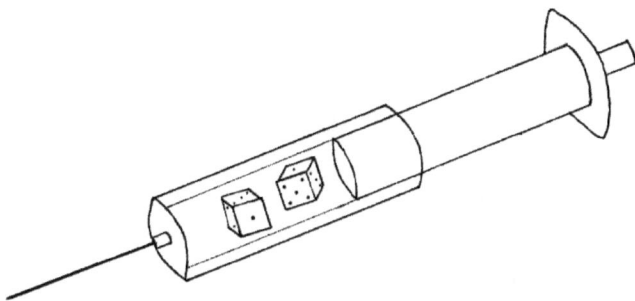

CARACTERÍSTICAS DEL JUEGO DE AZAR

La adicción al juego de azar, comúnmente denominada como "juego patológico", es la más característica de las adicciones no tóxicas y, sin duda ninguna, la que tiene las consecuencias más graves. En los casos más severos el jugador pierde cantidades importantes de dinero llegando a arruinarse económicamente tanto él como su familia. Toda su vida gira en torno al juego en una espiral trágica de la que encuentra muy difícil salir.

El juego de azar tiene una serie de características que lo distinguen de otros tipos de actividades lúdicas y que en gran medida explican los problemas que pueden llegar a acarrear. Tales particularidades son las siguientes:

a. Son **azarosos**. El resultado no depende de estrategias, ni de la habilidad del jugador. Es decir, no es controlable. En este aspecto se distinguen de la mayoría de juegos en los que la práctica, la habilidad personal o el desarrollo de técnicas favorecen la consecución de buenos resultados.

b. Se basa en las leyes de la **probabilidad**. No sólo se trata de hechos incontrolables sino que, además, suelen ser *impredecibles*, ya que en muchos casos los eventos aparecen siguiendo leyes de probabilidad que se cumplen según "la ley de los grandes números". En el caso de que aparezcan siguiendo una serie, como por ejemplo en las máquinas tragaperras, ésta suele consistir en decenas de miles de eventos, con lo cual el jugador es absolutamente incapaz de analizarla totalmente incluso aunque dedicara sesiones completas de observación[1].

c. Suele apostarse **dinero** o bienes valiosos. El éxito o fracaso conlleva la ganancia o pérdida de dinero, que es uno de los reforzadores más valiosos, de manera que se trata de actividades con un potente valor motivacional por la posibilidad que tienen de ganar. Pero, por similares razones, los fracasos conducen a desajustes psicológicos y sociales más severos.

d. Por último, los juegos de azar a los que nos vamos a referir en este apartado, y que son los que pueden provocar los principales problemas de adicción, están desarrollados y diseñados con una finalidad exclusivamente **recaudatoria**, a pesar de que las estrategias publicitarias y de marketing oculten dicha finalidad y se muestren de una manera amable con los potenciales jugadores. Es por ello que cuanto más se juegue, más probabilidad se tiene de perder, que es algo que los jugadores suelen obviar, o incluso negar, como mecanismo justificador de su problemática.

Vamos a centrarnos exclusivamente en los juegos en los que la única variable responsable de la aparición de los eventos es el azar y en los cuales la experiencia o habilidad del jugador no reportan ventajas a la hora de obtener los beneficios que se pretenden. Comentamos esto porque se da el caso de que existen juegos (los de naipes son los más característicos) en los que, pese a que el azar es ciertamente relevante (el que dispongamos de unas cartas u otras en la partida), la suerte tiene una importancia más relativa, ya que los jugadores poseen recursos que sirven para compensar con una buena jugada el escaso valor que puedan tener determinadas cartas. Este fenómeno en absoluto aparece en los juegos de azar, como

---

[1] Sin embargo, suelen ser comunes creencias como las de que uno mismo puede llegar a conocer con cierto grado de probabilidad cuándo están a punto de tocar los principales premios de la máquina, o que existen otras personas (dicen de los chinos) que tienen "sistemas" para adivinar cuándo va a aparecer un premio importante. Como veremos más adelante no se trata sino de creencias equivocadas explicables por los sesgos en el razonamiento que favorecen este tipo de juegos.

loterías, bingo, máquinas de premio, etcétera, en los que nada se puede hacer para modificar la aparición de un evento, pese a que en algunos casos se piense lo contrario, generalmente como una forma de justificación de las pérdidas.

1. Historia del juego de azar y situación actual en España

Azar es una palabra árabe (*"al-azar"*) que significa "dado", lo cual da cuenta de la relación entre el concepto de probabilidad y la actividad del juego de apuestas. Resulta más que chocante el hecho de que dos de las conductas expresamente prohibidas en el Corán, como son el consumo de bebidas alcohólicas y el juego de azar, sean palabras de etimología árabe (*al kohl* y *al azar*). Digo esto aún con el convencimiento de que no voy a meterme en ese jardín… de momento.

Aunque, ya que estamos, no puedo omitir la curiosa relación entre religión y juego de azar. En el caso de las religiones animistas y politeístas, juego y religión participan de las mismas estructuras mentales y lógicas en cuanto al valor de la predestinación o respecto al asumir la existencia de relaciones supersticiosas entre los eventos. Incluso comparten ritos, fórmulas mágicas y arcanos, todo lo cual permite que convivan razonablemente bien, ejerciéndose mutua influencia azar y liturgia. Las religiones monoteístas, por el contrario, siempre han mantenido una relación antagónica con el juego de azar y ello por varias razones (Binde, 2007). En primer lugar porque no entienden que el orden de la naturaleza esté sometido al azar, sino que está regido por la omnipotencia del todopoderoso. Por otro lado, comoquiera que el juego llega a producir una reacción pasional de atracción, las religiones que adoran a un solo dios consideran dicha seducción como una especie de idolatría que, de cualquier manera, entra en competición con la veneración que debe provocar la única y verdadera deidad. Para finalizar, y en el caso más concreto del catolicismo y el islam (que no tanto del judaísmo ni del protestantismo), la principal motivación del juego de azar es ganar dinero fácilmente y sin esfuerzo con un afán que puede conducir a la avaricia, uno de los siete pecados capitales del catecismo católico, que también es contradictorio con el precepto de liberarse de bienes materiales para compartirlo con los pobres, tal y como se propugna en el Corán.

Desde una perspectiva social e histórica, el juego de azar es una de las actividades lúdicas características del ser humano y, al igual que en el caso del consumo de drogas, su historia retrocede hasta los albores de la civilización. Se tiene constancia fehaciente de que había juegos de azar socialmente muy extendidos en civilizaciones milenarias, como las de Egipto (3.000 años antes de nuestra era), China (2.300 *a.e.*) o la India (1.500 *a.e.*). Tanto el uso social como su valor fiscal ya se regulaba en el Código de Hammurabi. Mucho antes, los sumerios extraían el hueso astrágalo de algunos rumiantes y lo pulían para que pudiera caer en cuatro posiciones diferentes, lo que constituye un precursor directo de los dados (en mi pueblo utilizamos ese mismo hueso de cordero en el juego de la "taba", pero no pienso hacer comentario antropológico alguno de la relación entre aragoneses y sumerios). El juego alcanza cotas más que significativas en la época y civilización romana, momento en el cual proliferaron muy diversos tipos de juego, especial (y precisamente) de dados. De los romanos se dice que fueron excesivos en el juego, como en tantas otras cosas. Algunos de ellos, como la *duodecim scripta*, o "juego de las doce líneas" estuvieron muy extendidos socialmente y se considera un antecedente del *backgammon*, que es uno de los juegos de casino más populares en la actualidad.

Pese a que el juego ha sido una actividad muy presente en la vida cotidiana, e incluso protagonista de algunos hechos históricos como el reparto de la túnica de Jesucristo o de territorios entre monarcas medievales, sólo muy recientemente (ya en la era moderna) es cuando los Estados y los poderes fácticos se interesan por él ejerciendo un verdadero control sobre los ciudadanos. Hasta entonces el juego se trataba de una actividad en gran medida privada y los gobernantes sólo pretendían regular su uso, como se refleja en las partidas de Alfonso X el Sabio o en las restricciones que imponían los monarcas o el clero a súbditos y feligreses, respectivamente, más con objetivos de orden social que con afán recaudatorio.

La aparición de las loterías, organizadas por instituciones como la Corona o la Iglesia, supone un punto de inflexión en la historia del juego de azar porque, a partir de este momento, el Poder (con mayúsculas) interviene en una actividad en principio privada y lúdica, para obtener para sí beneficios económicos. Pese a que las primeras loterías fueron benéficas y se organizaron con la finalidad de recoger dinero para repartirlo entre personas necesitadas, pronto se descubrió que éstas eran fórmulas extraordinarias para recaudar, sin padecer el desprecio que siempre han tenido los impuestos sobre quien los sufre. Con loterías se sufragaron guerras y se construyeron catedrales, se sanearon gobiernos y se lucraron espabilados. Hasta la fecha.

Jugadores ilustres ha habido en la historia. Quizá el más emblemático haya sido Fiódor Dostoievski, el genial escritor ruso, máximo exponente del realismo, que plasmó en la novela *"El jugador"* dos de las principales adicciones no tóxicas: el juego de azar y la pasión amorosa, exponiendo magníficamente la tensión psicológica del jugador de casino en una novela a la cual se le atribuyen insinuaciones autobiográficas (Dostoievski, 1866-1980). De hecho, la escribió en unas pocas semanas y los beneficios que obtuvo se dice que se dedicaron, precisamente, a saldar deudas contraídas en el casino[2]. También jugadores lo fueron emperadores romanos como Claudio y Nerón, reyes como Enrique VIII y Luis XIV, ilustres filósofos como René Descartes o personajes como Giacomo Casanova, de quien se cuenta que ganaba en el lecho lo que perdía en la ruleta.

La Lotería Nacional española es una de las más antiguas del mundo. Fue creada en 1763 por el marqués de Esquilache, ministro de Hacienda de Carlos III, con una finalidad claramente recaudatoria. Cada jugador elegía una serie de números que se premiaba en función de la coincidencia con los del sorteo. En efecto: se trata de la actual Lotería Primitiva, recuperada en 1986 por el organismo estatal de Loterías y Apuestas del Estado en la forma idéntica a

---

[2] Fiódor Dostoievski se detuvo en el balneario de Wiesbaden para descansar en su viaje de Moscú a París, donde pensaba encontrarse con su amante, Paulina Suslova. Jugó a la ruleta por curiosidad, tuvo la mala suerte de ganar mucho dinero rápidamente y ello supuso el principio de su angustiosa adicción, relatada magistralmente en su novela. La ruleta del siglo XIX en la que perdiera tanto dinero todavía se conserva en la elegante Wiesbaden, a sólo 30 kms de Frankfurt.

como la creara más de dos siglos antes quien sufriera en su cargo una de las rebeliones populares más recordadas en los libros de historia[3]. Por fin, en 1812, en plena guerra de la Independencia, aparece la Lotería Nacional tal y como la conocemos actualmente, a la cual se le denominó en su día *"Lotería Moderna"*, precisamente para distinguirla de la primitiva. Desde su primera aparición entonces, y hasta el día de hoy, no han dejado de llevarse a cabo los sorteos pertinentes, lo cual la convierte en la lotería más antigua del mundo. Ni siquiera entre 1936 y 1939, durante la resistencia (popular y del legítimo gobierno de la República) contra el golpe de estado de Franco, se suspendió el sorteo.

Durante la larga y penosa dictadura los únicos juegos de azar permitidos fueron la Lotería Nacional, las apuestas hípicas, el cupón de la ONCE y, por supuesto, las quinielas de fútbol. Todos los demás estaban prohibidos, ya que en la moral nacionalcatolicista el juego (como tantas otras cuestiones) se consideraba un vicio. La gente tenía que irse a Francia a ver a *Marlon Brando* y *Maria Schneider* en *"El último tango en París"* y jugarse el dinero en las salas de juego del país vecino. Montecarlo era la meca europea del juego y uno de los destinos apetecibles tanto por el *glamour* de algunos de sus residentes como, evidentemente, por su casino. Pasada esta interminable etapa histórica, en 1977 se legalizaron los casinos y salas de bingo, precisamente como una manera de competir con otros países que tenían permitido el juego y para favorecer el turismo (también apareció el "destape" en el cine). Casi sin solución de continuidad han ido apareciendo y legalizándose otros juegos de azar tanto privados como públicos, de ámbito autonómico o europeo. El último con carácter nacional es una lotería presorteada, conocida popularmente como *"rasca"*, cuya gestión la

---

[3] El motín de Esquilache. Aunque la excusa de la rebelión popular fue el decreto que regulaba la vestimenta, las causas principales hay que buscarlas en las condiciones de pobreza de la población y la carestía de alimentos de primera necesidad. Curiosamente, cuando la aristocracia comenzó a utilizar la capa corta y el sombrero de tres picos se popularizó dicha forma de vestir, demostrándose cómo tanto las motivaciones, como la forma de manipular el comportamiento y los intereses sociales han cambiado bastante poco en lo sustancial desde tiempos históricos anteriores hasta la aparición de "Gran Hermano".

lleva a cabo la ONCE y que consiste en un juego de azar de apuesta baja (0,50 euros por papeleta) y recompensa inmediata (para los premios bajos). El interés económico de estos juegos queda patente por la severa controversia que tuvo este juego antes de implantarse. Dos Reales Decretos, de dos gobiernos sucesivos, de dos diferentes colores políticos, atribuyendo dos tipos diferentes de gestión pero con un único objetivo recaudatorio, dan cuenta de lo que señalamos. Remito al avezado lector a las hemerotecas[4].

A modo de resumen, los principales juegos de azar fueron implantados en España en las siguientes fechas: Lotería Nacional (1812), carreras de galgos (1935), cupón de la ONCE (1939), quinielas futbolísticas (1946), apuestas hípicas (1957), casinos y bingos (1977), máquinas recreativas y de azar (1981), Lotería Primitiva (1986), Bonoloto (1988), Lotería Presorteada (2006).

En la actualidad, el Estado regula y recauda dinero por los juegos de gestión privada (sorteos de la ONCE, máquinas tipo "B", casinos y bingos) y gestiona a su vez de forma completa otros juegos (Lotería Nacional, Lotería Primitiva, quinielas, apuestas hípicas, etcétera). La cantidad de dinero que gastan los ciudadanos en el juego es de una magnitud tan impresionante que superaría el presupuesto de la mayoría de los ministerios y multiplicaría el de cualquier comunidad autónoma. Además, hay que tener en cuenta que en esta relación no están representadas las apuestas ilegales ni los juegos de naipes, en los que se ponen sobre el tapete herencias y haciendas. Tampoco se reflejan otras apuestas legales (mediante mensajes de móvil, programas de TV, etc) que no dejan de ser sino auténticos juegos de azar y que cada vez representan un gasto mayor tanto en adultos, como en adolescentes y personas mayores. Así pues, hemos representado únicamente los juegos controlados por la Comisión Nacional del Juego del Ministerio del Interior. Si se analizara lo que la gente se gasta en juegos ilegales o no regu-

---

[4] El Real Decreto 844/1999 de 21 de mayo establecía una lotería presorteada de gestión estatal que fue recurrida por diversas comunidades autónomas por conflicto de competencias y criticada por la ONCE por el riesgo de producir ludopatía. Esta misma lotería ya no le parece tan nociva a esta organización cuando el Real Decreto 1336/2005 le autoriza a explotarla.

lados por los gobiernos, en ese caso las cifras podrían ser de una magnitud casi inmoral.

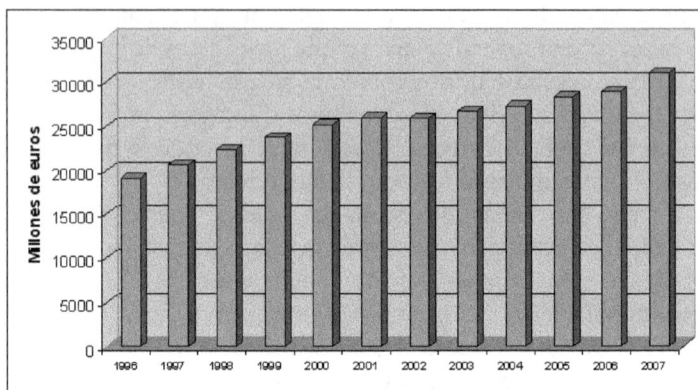

Gasto del juego de azar en España (1996-2007)
Fuente: Comisión Nacional del Juego. Ministerio del Interior

Como puede observarse en la figura anterior, la tendencia ha sido creciente durante los últimos años. Aunque en la gráfica no aparecen los datos, habría que señalar que a mitad de la década de los ochenta es el único momento en donde se aprecia un descenso significativo en el gasto, ya que en ese momento se cerraron muchas salas de bingo, quizá porque después de su legalización se abrieron más de las que podían llegar a prosperar (y desaparecieron otras tantas salas de cine, dicho sea de paso). A partir de entonces, el incremento en el gasto ha sido sostenido y elevado, hasta llegar a los ¡30.990 millones de euros! en el año 2006.

Conforme se han ido legalizando los juegos se ha incrementado también el gasto. La evidencia más espectacular fue la legalización en 1981 de las máquinas tipo "B". Se pasó de no jugar a este tipo de máquinas, a gastarse sólo en tragaperras más de seis mil millones de euros (más de un billón de pesetas se contabilizaron entonces) durante el primer año. Mientras tanto, el resto de juegos mantuvo su tendencia normal, lo cual da a entender que no hubo un traslado de jugadores de un tipo de juegos a otro sino que aparecieron jugadores nuevos, así como un incremento espectacular en el gasto.

No queremos pasar por alto una cuestión que consideramos muy significativa tanto de la concepción que se tiene del juego a nivel político como del interés económico que suscita. Anualmente, la Comisión Nacional del Juego, organismo dependiente del Ministerio del Interior, publica la *Encuesta Anual del Juego en España* y lo viene haciendo desde hace mucho tiempo. En ella se reflejan el gasto por tipos de juego, Comunidades Autónomas (por cierto que el gobierno del País Vasco hace tiempo que no ofrece la información, por lo que los datos de dicha comunidad se basan en estimaciones), evolución respecto al año anterior, etcétera. La metodología es puramente descriptiva, indicándose los gastos anuales y las variaciones respecto al año anterior. En todas las memorias se dedican varios párrafos a justificar la cantidad de dinero que se gastan los españoles y establecer una diferenciación entre los conceptos de *"juego"* y *"gasto"*. Se argumenta que 30.990 millones de euros es lo que la gente "juega", mientras que el concepto "gasto" hace referencia a lo que los jugadores no recuperan, cifra que en año 2007 ascendió a 10.725 millones de euros (que tampoco es poca cosa). Uno puede entender que haya personas a quienes algo se les remueve en la conciencia por las cantidades ingentes que desembolsan los ciudadanos (y que a algunos de los cuales les supone la ruina económica), pero es preciso hablar en términos claros. Lo que la gente "juega" en realidad es lo que la gente "gasta". Otra cosa es que recupere más dinero del invertido y entonces hablamos de "ganancias" o que, por el contrario, no lo recupere, en cuyo caso es preciso denominarlo como "pérdidas". Pura contabilidad mercantil, que es lo que supone el juego de azar. Así pues, los españoles "gastan" (juegan, invierten o como lo quiera usted decir) 30.990 millones de euros en juegos de azar y **pierden** 10.725 millones de euros. Al pan, pan...

2. Características de los juegos de azar que favorecen el abuso y adicción

Como hemos comentado anteriormente, el juego es una actividad lúdica, por lo general hedónicamente placentera, que cumple una serie de funciones fundamentales para el aprendizaje, el desarrollo psicológico, la adaptación social, o la propia estabilidad afectiva. En muchos casos se trata de actividades motivadas intrínsecamente, en las cuales el principal refuerzo positivo es la propia ejecución de la tarea, es decir: jugar (ya se sabe que las actividades pueden llegar a ser poderosos refuerzos, como puso de manifiesto David Premack hace ya varias décadas). En lo que respecta a los juegos de azar, la cuestión cambia sustancialmente en la medida en que la motivación principal no es intrínseca (refuerzo de actividad) sino extrínseca (refuerzo material), con independencia de que en muchos casos la propia tarea pueda tener un componente social muy relevante, como por ejemplo jugar con amistades o familiares, pasar el tiempo echando unos cartones o tirando monedas a una máquina, finalizar en un casino diversas celebraciones, organizar peñas quinielísticas o de apuestas deportivas, etcétera. No obstante, la magnitud del juego, es decir, lo que la gente se llega a gastar en juego de azar, se explica principalmente por el reforzamiento externo que se obtiene. Las máquinas recreativas (también denominadas tipo "A") ofrecen tiempo de juego a cambio de un precio por partida, sin que otorguen premio en metálico. Aun siendo mucho más atractiva la actividad de este tipo de máquinas que la que se lleva a cabo al jugar en las tragaperras, la recaudación suele ser bastante inferior, lo cual confirma que, en el caso de los juegos de azar, es la recompensa externa la principal variable que mantiene las elevadísimas tasas de conducta.

En la figura siguiente se representa de forma gráfica el gasto de los españoles en juegos legales de azar durante el año 2006.

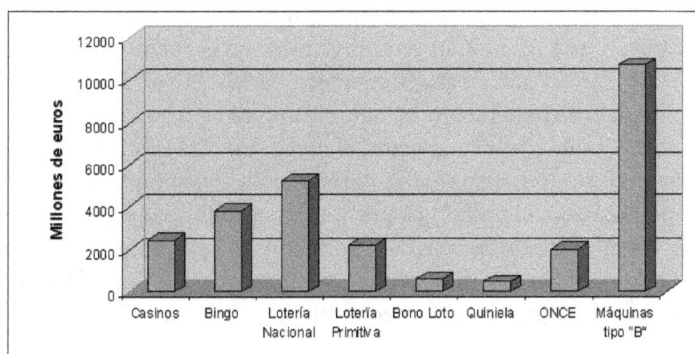

Gasto del juego de azar en España (2006) según tipo de juego
Fuente: Comisión Nacional del Juego. Ministerio del Interior

Como puede apreciarse en la gráfica, así como en los datos expuestos sobre el dinero gastado en juego en España, las máquinas tipo "B" ("tragaperras") suelen suponer el 40% de la cantidad de dinero que se juega en todos los juegos legales de azar. Y eso que no se contabiliza en este tipo de estadísticas lo gastado en las máquinas tipo "C", que son tragaperras instaladas en los casinos, que funcionan con fichas y en los que las apuestas son incluso mayores. En algunos casinos son el tipo de juego que supone una mayor cantidad de gasto. Resulta que uno se va a Monte Picayo[5] para jugar a las máquinas (¡!)

Las razones que explican el porqué estas máquinas suponen tanto gasto por parte de los jugadores son estricta y exclusivamente psicológicas y bien conocidas desde la psicología de la motivación y del aprendizaje. Podemos señalar sin lugar a dudas que se trata de la máquina adictiva por excelencia. Las principales características son las siguientes:

a. **Accesibilidad**. Podemos encontrar máquinas tragaperras en todos los bares y restaurantes de España (en la mayoría de los locales, a pares). Además, han proliferado los locales de juego

5 Monte Picayo, en Valencia, junto con el casino de Villajoyosa (Alicante) son los dos casinos que existen en la Comunidad Valenciana. Durante el año 2006 se gastaron en ambos 232,80 millones de euros.

en los que se acumulan máquinas, muchas de ellas conectadas entre sí que suministran premios mucho más cuantiosos. La accesibilidad es una de las principales variables que favorecen el inicio en el consumo en cualquier drogodependencia y, por supuesto, también en la adicción al juego. En este sentido, hay que denunciar que España tiene una de las legislaciones más laxas y permisivas del mundo respecto a la accesibilidad de máquinas de premio. Pasamos, casi sin solución de continuidad, de prohibirlas por cuestiones morales, a convertirse en un "derecho" fundamental (nótese el entrecomillado).

b. Apuestas de **coste bajo**. Para jugar en un casino no solamente es necesario desplazarse a uno de los 40 casinos que hay en España, que en ocasiones se encuentran fuera de la propia ciudad, identificarse en la entrada del mismo e incluso vestir con una indumentaria formal, sino que es preciso llevar la cartera cargada para ir perdiendo por los diferentes juegos que nos ofrece la empresa. En las máquinas tragaperras es posible jugar con sólo 20 céntimos de euro en cualquiera de las más de 250.000 que están a nuestra disposición en todos los bares, restaurantes y salones de juego. Es característico que el proceso adictivo comience por jugarse en las máquinas "tirando" (nunca mejor dicho) los cambios en moneda fraccionaria de una consumición del bar, para finalizar pidiendo una bebida (y tener problemas de alcoholismo posteriormente) mientras uno se juega el sueldo, o su hacienda.

c. **Inmediatez de la recompensa**. Quizá sea ésta la variable responsable más significativa y la que, muy probablemente, explique la mayor parte de la varianza en la adicción que provoca este tipo de juego. El jugador no sólo encuentra fácilmente las máquinas por numerosos establecimientos y puede jugar con cualquier cantidad de dinero, sino que recibe el premio inmediatamente. Desde que Fred (para los amigos) Skinner estableciera hace varias décadas las leyes del reforzamiento se sabe que la inmediatez del refuerzo es una variable fundamental para mantener la conducta de forma consistente. Ningún otro juego de azar maneja de una manera tan eficiente este parámetro como las máquinas de premio.

d. Programa de **reforzamiento parcial**, de *razón variable*. Otra de las leyes del aprendizaje establece que, una vez que la conducta está consolidada, la obtención de la recompensa bajo un programa de reforzamiento parcial es mucho más eficaz para mantener la conducta que los programas continuos. Dentro de los programas parciales, los de razón variable son los que mantienen una tasa conductual más elevada. En lo que hace referencia al juego, el jugador no sabe cuánto dinero tiene que tirar para obtener el premio, pero lo que tiene claro es que cuanto más dinero eche se incrementa la probabilidad de obtenerlo. Después de jugar y perder la probabilidad de ganar es mayor que la que se tenía antes. Se da la circunstancia que cuanto más se pierde, más aumenta la probabilidad de que en la siguiente jugada se obtenga el premio, de manera que las pérdidas favorecen el seguir jugando, porque "ya toca". El hecho de que se trate de un programa variable favorece el que no aparezcan las pausas típicas de los programas fijos (pausa postreforzamiento en el caso del de razón fija, o festoneo en el de intervalo fijo) y que, por lo tanto, incluso después de haber obtenido un premio importante se siga jugando, en ocasiones incluso hasta perder las ganancias que se habían obtenido[6].

e. Inducción de "ilusión de control" y otros **sesgos cognitivos**. Las máquinas de premio se parecen a las máquinas recreativas, en las cuales lo que prima es la habilidad o la destreza. Las máquinas tipo "B" requieren más actividad que cualquier otro juego de azar, en los que generalmente lo único que hay que hacer es esperar el resultado del sorteo, o que el número de la bola que baja por una pendiente corresponda con el que tengo impreso en el boleto. En las máquinas el jugador tiene un papel activo, aunque

---

[6] El hecho de que cuanto más se pierda, más se juegue no quiere decir que cuando se gane mucho dinero se deje de jugar. ¿Ha visto a alguien abandonar el juego cuando está ganando?.

lo único que hace es apretar una serie de dispositivos, botones o palancas antes de que aparezca una combinación sobre la que, en realidad, él no tiene ningún control. Pero es precisamente dicha actividad la que favorece el sesgo de *ilusión de control* (Chóliz, 2006). Además, al igual que en otros juegos de casino como la ruleta, *blakjack*, etcétera se establecen predicciones acerca de la probabilidad de la aparición del evento en función de los resultados anteriores. Teniendo en cuenta que se trata de series de decenas de miles de números es absolutamente imposible saber con exactitud la aparición de los premios, aunque se crea que la máquina "está caliente"[7].

f. Inducción de **activación psicofisiológica**. La actividad que se requiere en las máquinas tragaperras no sólo favorece la ilusión de control sino que induce un incremento en la activación psicofisiológica. Dicho *arousal* se provoca y se mantiene posteriormente por una elevada estimulación audiovisual (luces, sonidos, movimiento de elementos, etcétera) que provocan un auténtico *craving*, un deseo irrefrenable que sólo se reduce jugando a la máquina. El juego se convierte en un potente *reforzador negativo* que mantiene la conducta de forma estable y resistente a la extinción. Además, cuando uno está jugando a la máquina la atención se reduce exclusivamente a esta actividad, que adquiere todos los componentes de las acciones que generan *flujo* (Csikszentmihalyi y Csikszentmihalyi, 1998), es decir, una concentración en la tarea, reducción de cualquier otra actividad y absorción del entorno. Si además se tiene la mala suerte de ganar de vez en cuando (a veces mucho dinero), la probabilidad de que se repita la conducta se incrementa a causa del reforzamiento positivo, tal y como hemos comentado anteriormente.

El resto de juegos comparten algunas de las características que acabamos de mencionar pero no todas, lo cual explica que el gasto

---

[7] "La máquina está caliente" es una frase propia del argot del jugador que hace referencia a la creencia errónea de que puede predecir la aparición del premio porque supone que existe una elevada cantidad de dinero almacenada en la máquina.

en ellos sea menor (aunque siempre hablamos de cifras elevadísimas) y que sean menos adictivos. Así, los juegos de casino (principalmente ruleta) provocan una elevada activación fisiológica mientras la bola gira y otorgan una recompensa inmediata bajo un programa de reforzamiento parcial. Sin embargo no son tan accesibles y las apuestas suelen ser mayores, ya que no pagamos la entrada a ninguno de ellos para gastarnos tres euros. En el caso de otros juegos, como las loterías, son accesibles (nos encontramos numerosos puntos de venta aunque no tantos como máquinas tragaperras) pero la recompensa no es inmediata (el sorteo ocurre pasados unos días después de la compra del boleto), no provoca elevada activación fisiológica (pocos se ponen nerviosos mientras giran las bolas de los bombos de los niños de San Ildefonso, aunque otra cosa sería lo de las mozas y mozos de la Lotería Primitiva) y nadie que esté en sus cabales piensa que pueda hacer algo para modificar el azar y que salga un número determinado. Ni siquiera se pretende convencer de que se puede llegar a predecir el que aparecerá, a no ser de que se trate de un embustero profesional. Sin embargo, los premios pueden ser muy elevados y tienen un componente social y cultural que los hace muy atractivos, principalmente determinados sorteos especiales, como el de Navidad o el Niño.

Por último, las circunstancias especiales en las que se juega en las máquinas tragaperras favorece el consumo de drogas en mayor medida que otros juegos de azar, lo cual agrava todavía más el problema. En los bares se bebe alcohol (evidentemente) y se permite fumar[8] y, de hecho, la comorbilidad entre juego y consumo de alcohol y tabaco es superior al 80% acentuando de esta manera tanto la gravedad de la adicción como la firmeza de la misma.

---

[8] El autor piensa que en España se perdió una oportunidad única en el año 2006 para regular el consumo de tabaco y que la prohibición de fumar en cualquier lugar público, especialmente en los bares, hubiera sido extraordinaria como fórmula de prevención e intervención en el tabaquismo, además de dificultar que un problema sociosanitario como el tabaquismo se aprovechara por gobiernos de diferente color político como estrategia propagandística. Algo muy parecido volverá a ocurrir con la frustrada ley de prevención del alcohol (la mal llamada "ley del vino") en 2007.

3. Epidemiología de la adicción al juego de azar

En la actualidad todavía no tenemos datos fiables sobre la prevalencia de la adicción al juego, ya que los resultados de los diferentes estudios realizados en la última década son dispares debido en parte a la utilización de diferentes instrumentos, tal y como comentaremos en el apartado correspondiente a la evaluación. La proporción de *jugadores patológicos* sobre la población general en España medida por diferentes estudios oscila entre 0,1 y 1,5%, mientras que suele considerarse que existen entre 1,6 y 2,5% de *jugadores problema*. De entre los sujetos analizados, el 40% de los jugadores tendría una edad comprendida entre 18 y 30 años, mientras que no parece que haya diferencias en otras variables psicológicas ni en inteligencia (Becoña, 2004).

Lo que sí que es un hecho evidente es que la frecuencia y gravedad de los problemas con el juego están directamente relacionados con la extensión social del mismo, favorecido por una legislación que, en el caso de la española, es extraordinariamente permisiva. Ocurre con el juego lo que con las drogodependencias en general, y es el hecho de que una actividad que históricamente se ha llevado a cabo desde los albores de la civilización y que cumplía un papel social o religioso (aunque indudablemente que algunas personas pudieron verse gravemente afectadas por ella) se convierte en un auténtico problema sociosanitario y psicopatológico (en el caso de las drogas, hasta penal) de dimensiones sociológicas cuando los intereses comerciales favorecen la extensión social y el abuso en su consumo.

A pesar de que la dimensión mundial de la globalización iguala intereses y homogeniza costumbres (en función del nivel económico, evidentemente), todavía podemos encontrarnos diferencias sustanciales entre países que requieren de un análisis sociológico (Martignoni-Hutin, 1993, 2000) para entender no sólo la dimensión del problema sino también las condiciones sociales, culturales, económicas o históricas concernientes a los juegos de azar.

Dos cuestiones merecen nuestra atención de los resultados epidemiológicos obtenidos. En primer lugar, que no existen diferencias en función de los ingresos económicos ni de la ocupación laboral. Evidentemente que las repercusiones negativas aparecerán antes en las personas con ingresos bajos, puesto que disponen de menos recursos materiales y los problemas psicológicos, sociales y familiares de las deudas se agravarán pronto. Pero la adicción al juego no distingue de rentas, ya que cada uno puede llegar a gastarse lo que tiene. Y a tenor de los datos que hemos señalado, perder 10.725 millones de euros en España indica que pueden, como de hecho ocurre, arruinarse verdaderas fortunas y saneados patrimonios[9].

En segundo lugar, en lo que hace referencia a la prevalencia por sexo, parece que el problema de la adicción al juego es mayor entre varones (2/3) que entre mujeres (1/3). Pero el dato realmente significativo es que, pese a que el 33% de los adictos al juego son mujeres, sólo representan el 10% de quienes solicitan ayuda terapéutica (Lesieur y Blume, 1989), lo cual indica que existe en el caso de las mujeres una ocultación mayor del problema. Además, a pesar de que no hay datos estadísticos sino simplemente intuición basada en la experiencia que éste, quien suscribe estas líneas, tiene sobre intervención en adicción al juego, mientras que los varones acuden a tratamiento acompañados (y animados) por sus esposas o compañeras, las mujeres acuden solas o en compañía de su madre, o alguna hermana o amiga. La percepción social es que el hombre se juega **su dinero** (tengo derecho, ¿no?), mientras que la mujer se juega el dinero de **su familia**. El estigma social de la jugadora sólo indica que todavía nos falta al menos un siglo en nuestra sociedad (no digamos en otras culturas o religiones) para que se desvanezcan las diferencias machistas entre hombres y mujeres (aquí un emotivo homenaje al lado femenino que todos como seres humanos tenemos).

[9] Hace unos meses apareció la noticia de que una directiva de Mercasantander adicta a loterías por internet provocó pérdidas de un millón de euros a dicha entidad, al cargar en una tarjeta de crédito propiedad de la empresa las pérdidas en el juego y apropiarse de fondos cada vez mayores. Se le acusa de robo, estafa y falsedad en documento mercantil. Cuando los adictos al juego se las ven con los bancos suele comenzar la fase más difícil de su dependencia.

MODELO TEÓRICO DE LA ADICCIÓN AL JUEGO DE AZAR

Para explicar el desarrollo y consolidación de la adicción al juego, nos inspiraremos en el modelo de la OMS respecto a la dependencia y abuso de drogas (Edwards, Arif y Hodgson, 1981), pero adaptándolo a las particularidades de este tipo de adicción. Se trata de un modelo que atiende a los antecedentes distantes del juego, los inmediatos, así como a los factores que ayudan a consolidar y mantener la adicción.

Modelo explicativo de la adicción al juego	FASE I Riesgo y predisposición
PREDISPONENTES	**ANTECEDENTES INMEDIATOS**
•*Accesibilidad al juego* •*Cultura del juego* •*Aprendizaje vicario* •*Actitudes positivas hacia el juego* •*Valores materialistas* •*Factores personales: ausencia de planificación del gasto, baja resistencia a frustración*	•*Oportunidad de jugar (accesibilidad, disponer dinero...)* •*Presión social* •*Búsqueda de nuevas experiencias* •*Reducción de malestar emocional* •*Persuasión publicitaria*

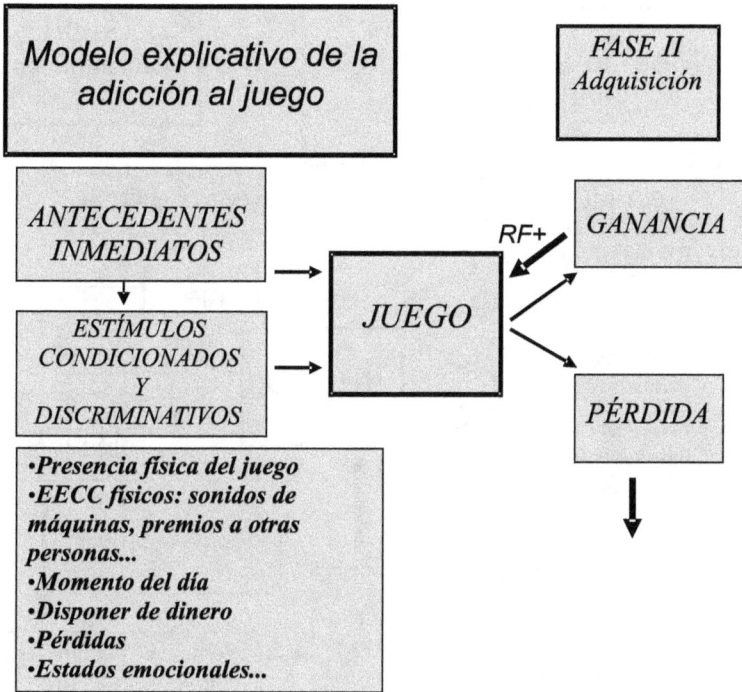

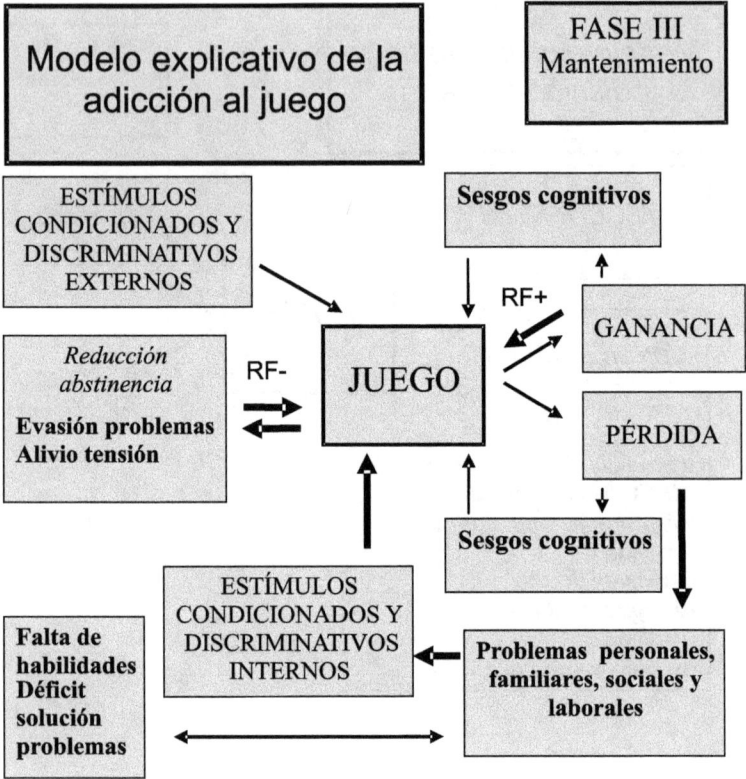

Modelo explicativo de la adicción al juego

FASE III Mantenimiento

ESTÍMULOS CONDICIONADOS Y DISCRIMINATIVOS EXTERNOS

Sesgos cognitivos

RF+

Reducción abstinencia

Evasión problemas Alivio tensión

RF-

JUEGO

GANANCIA

PÉRDIDA

Sesgos cognitivos

ESTÍMULOS CONDICIONADOS Y DISCRIMINATIVOS INTERNOS

Falta de habilidades Déficit solución problemas

Problemas personales, familiares, sociales y laborales

FACTORES ANTECEDENTES

1. Predisponentes.

Son los aspectos culturales, sociales, familiares o personales que se encuentran presentes bastante tiempo antes de que se produzca, no sólo la adicción, sino incluso el primer contacto con el juego. Son los que abonan el terreno para que se comience a jugar una vez que las circunstancias ambientales o personales lo hagan oportuno. Algunos de los más significativos son los siguientes:

a. Cultura de juego. Como hemos comentado anteriormente, la historia del juego en España puede describirse atendiendo a aspectos sociológicos, ideológicos o políticos. Pasamos de ser un país, durante la dictadura franquista, en donde la mayoría de juegos de azar estaban prohibidos, a tener en la actualidad una de las legislaciones más permisivas del mundo en esta materia. El jugar no sólo está permitido sino que se favorece socialmente, llegando en algunos casos a ser una forma de relación interpersonal tanto en el ámbito familiar como laboral. Se organizan grupos de amigos o compañeros de trabajo para jugar a la lotería primitiva y, por supuesto, a los sorteos especiales de la Lotería Nacional. Todos los días aparecen "los números de la suerte" (¡qué ironía para la mayoría, que casi siempre pierden!) en los informativos o en la prensa. Las campañas de los sorteos especiales de Navidad y Reyes de la Lotería Nacional suelen ser tan llamativas como espectaculares (aunque desde el año 2006 ya no aparece el "calvo de Navidad") y el 22 de diciembre no hay otra noticia desde las 9 de la mañana que el sorteo. En este singular día, los periodistas están dispuestos a desplazarse al rincón más recóndito del país donde han aparecido los afortunados a quienes que les ha tocado el gordo y nos hinchan la cabeza sobre la felicidad que embarga a todo el mundo. Quienes han ganado en el sorteo, porque pagarán la hipoteca, se regalarán lo que siempre habían deseado y aún repartirán dinero a sus seres queridos. El vecino (a quien no le ha tocado ni un duro) "también está contento" (dice), "porque el premio se ha repartido entre la gente" y mantiene la esperanza de que otra vez será.

b. **Valores materialistas**. El materialismo, representado por el dinero y los bienes materiales que pueden comprarse con él, ocupa una posición jerárquicamente muy relevante en la escala de valores de nuestra globalizada sociedad. Con el juego se puede ganar mucho más dinero del que podemos conseguir con el diario trabajo y, desde luego, con mucho menos esfuerzo. Con el juego se puede obtener dinero y, según dice la publicidad, la felicidad. No obstante, según los resultados de numerosos estudios científicos se sabe que una vez superado un nivel mínimo de ingresos económicos con el que se asegure vivir con dignidad, no existe relación entre dinero y felicidad. Más bien al contrario, existen variables asociadas al materialismo que hacen que la relación pueda llegar a ser incluso negativa. Parece que "el dinero sólo hace felices a los pobres" (Chóliz, 2008).

c. **Aprendizaje vicario**. La publicidad se encarga de repetirnos con contumaz insistencia los beneficios que tiene el juego. Al repetirlo tan frecuentemente se incrementa la percepción de probabilidad de obtener la recompensa. Es prácticamente imposible que a usted (ni a mí) nos toque jamás la Lotería Primitiva pero, sin embargo, todos los días aparece el sorteo en numerosos medios de comunicación repitiendo, cual cebolla, los números de los boletos premiados. En cuanto a los sorteos extraordinarios, como el de Navidad, los "agraciados" con grandes premios son entrevistados y hasta recopilada su biografía. Pero nunca se comenta la cantidad de boletos no premiados, ni se recuerda cuántos jugadores no han obtenido nada. Los modelos que se presentan son los beneficiados que, aunque muchísimo más escasos, son los únicos visibles. Ello induce a lo que se conoce como "sesgo de disponibilidad" (Tversky y Kahneman, 1973), que se ha demostrado muy relevante en la adicción al juego (Chóliz y Villanueva, 2007).

d. Actitudes positivas hacia el juego. Los factores que hemos mencionado anteriormente no solamente son inductores de los juegos de azar, sino que también favorecen la aparición de actitudes positivas hacia ellos, haciendo que socialmente exista un clima no solamente complaciente, sino hasta positivo hacia esta actividad. De hecho, los programas de prevención del juego son muy escasos y los que existen puede decirse que todavía se encuentran en una fase experimental (Ladouceur, Ferland, Roy, Pelletier, Bussieres y Auclair, 2004). Este fenómeno en nada es comparable con los numerosos programas preventivos que existen en todos los países para cualquier drogodependencia, incluso ante aquéllas cuya comercialización es legal. En lo que se refiere al juego de azar, ni siquiera existen campañas de sensibilización sobre los riesgos que comporta, o simplemente sobre la probabilidad de obtener premios, aunque fueran charlas simplemente informativas.

2. Antecedentes inmediatos.

Los factores que acabamos de señalar favorecen el que exista un caldo de cultivo socialmente proclive y favorable hacia el juego, que inhibe cualquier acción preventiva (que como acabamos de comentar, no existe como tal a nivel institucional). Así, una vez que aparezcan las condiciones ambientales apropiadas (lo que definimos como antecedentes inmediatos) se inicia el juego sin saber qué es lo que ocurrirá en el futuro. Algunos de los factores inmediatos más característicos son los siguientes:

a. Oportunidad de jugar. Hemos comentado que la legislación española sobre el juego es una de las más permisivas especialmente sobre máquinas tragaperras, que son precisamente las más adictivas. Esto hace que la oportunidad de jugar se dé en cualquier momento. Disponer de dinero, encontrarse en un ambiente favorable, etcétera favorecen que la conducta se inicie sin dificultad.

b. Presión social. En muchos casos el juego se inicia merced a la presión social que ejercen amigos o compañeros. Un grupo de personas que se organiza para jugar a un determinado número de la lotería primitiva, el ofrecimiento de boletos de un sorteo cuya compra es difícil eludir, salida al bingo después de una cena a "echar unos cartones", o al casino por una celebración... Lo paradójico es que, como en la mayoría de adicciones, se comienza jugando como una oportunidad para relacionarse socialmente y se finaliza jugando en soledad[10].

c. Búsqueda de nuevas **sensaciones.** Los juegos de azar son actividades lúdicas, en muchos casos estéticamente singulares y organizadas en una parafernalia que para algunos puede resultar atractiva. También hay personas a las que les resulta excitante la posibilidad de ganar mucho dinero asumiendo riesgos. En el caso de salones de juego, bingo o casinos el ambiente está diseñado para favorecer el consumo. Las tentaciones de los premios acumulados generan una tensión emocional que induce al gasto y que, como describe magníficamente Fiódor Dostoievski, a algunas personas les resulta resulta fascinante.

d. Reducción del malestar emocional. Aunque es uno de los principales factores en el mantenimiento de la conducta adictiva, también puede ser una de las causas relevantes del comienzo del juego, ya que favorece la distracción en momentos en los que acucian problemas de diversa índole. La tensión que provoca, o incluso la ilusión de obtener un premio, pueden ayudar a escapar de otros problemas presentes.

FACTORES QUE CONSOLIDAN LA ADICCIÓN

Los factores que acabamos de señalar favorecen el que en un momento determinado se inicie el juego. En realidad, la mayoría de las personas han jugado alguna vez a juegos de azar en los que la

---

[10] También se acaba bebiendo en soledad, pinchándose en soledad, esnifando en soledad.

apuesta y el premio consisten en dinero. No obstante, pocas personas (afortunadamente) llegan a desarrollar una adicción en sentido estricto, si bien la conducta excesiva, o abusiva puede ser muy importante epidemiológicamente, tal y como hemos visto al describir las cantidades de dinero que se juegan anualmente en España. Así pues, una vez que el juego se inicia existen una serie de factores que favorecen el que se mantenga o que su tasa se incremente.

1. Condicionamiento

a. Reforzamiento positivo. Es posible que las primeras pérdidas no sean muy relevantes para reducir la conducta si la presión ejercida por los antecedentes es importante. Pero, obviamente, para consolidar el hábito es preciso obtener recompensas de vez en cuando. Una de las características más relevantes de los juegos de azar es que proveen de reforzamiento positivo ocasionalmente, que es la mejor manera de mantener tasas estables y elevadas de conducta (Ferster y Skinner, 1957). Así, las loterías tienen diversos tipos de premio, de distinta cantidad, como forma de asegurarse de que hay gente que obtiene recompensa (alguna recompensa) en algunas ocasiones. Las máquinas tragaperras dan entre un 70 y 75% de los beneficios, dependiendo del reglamento, que es competencia de las comunidades autónomas. Eso quiere decir que con frecuencia toca. Incluso hay veces que el jugador tiene la mala suerte de conseguir bastante dinero. En ese caso, la conducta de jugar se refuerza positivamente y es muy probable que en circunstancias parecidas vuelva a repetirse y repetirse, hasta la ruina económica.

Los programas de reforzamiento más característicos respecto al refuerzo positivo son de *razón variable* (RV) e *intervalo variable* (IV), dependiendo del juego. En máquinas tragaperras, por ejemplo, uno sabe que tiene más probabilidad de obtener el premio cuanto más dinero eche; respecto a las quinielas, los boletos combinados tienen más probabilidad de ser premiados que los simples (también cuestan más dinero) y cuantos más números tengamos de lotería, mayor probabilidad de que alguno resulte "agraciado". En todos estos casos se trata de programas de reforzamiento de *razón variable*, puesto que cuanto más elevadas sean las tasas de conducta, mayor probabilidad de obtener el refuerzo. Algunos juegos de casino como la ruleta, dados, etcétera pueden considerarse como de intervalo variable, porque la tarea consiste en predecir la aparición de un evento que no se sabe cuándo va a ocurrir, pero que lo hará en algún momento y los jugadores intentan adivinarlo generalmente en función de los eventos anteriores. No obstante, puesto que se trata de azar, la probabilidad es la misma en cada tirada. En realidad no existe una serie y, por lo tanto, no tiene ningún sentido intentar predecir la aparición de un evento en base a los previos. En todos los casos, la conducta se mantiene bajo un programa operante de reforzamiento parcial.

b. **Estímulos condicionados y discriminativos.** El juego de azar, como cualquier conducta adictiva, se lleva a cabo de forma estereotipada y en unas condiciones ambientales y personales muy concretas, aunque puede llegar a generalizarse a diferentes situaciones. Estímulos como la presencia de una máquina, las voces del *croupier* anunciando *"fait le jeux"*, el sonido de la bola rodando en la ruleta, las sensaciones interoceptivas del alcohol y un largo etcétera se condicionan con la aparición de la recompensa, siempre que se juegue (a nadie le ha tocado la lotería si no tiene boletos). Los estímulos condicionados pueden provocar la aparición de respuestas condicionadas que favorecen el juego, mientras que los estímulos discriminativos indican la probable presencia del refuerzo y, por lo tanto, inducen a jugar. Así pues, se trata de conductas controladas por los estímulos, que pueden ser claramente externos, como los que aparecen en presencia del juego o propiamente internos, como la activación que provocan las maquinas tragaperras o la angustia por las deudas contraídas. El hecho de que el juego esté inducido por diferentes eventos (externos e internos, como decimos) permite que apliquemos *técnicas de control de estímulo* durante las primeras fases del tratamiento, con el objeto de prevenir la aparición de la conducta adictiva, entretanto se adquieren recursos para superar la abstinencia y potenciar otro tipo de conductas.

Al mismo tiempo, el juego se trata de una **conducta estereotipada** adquirida mediante *encadenamiento*. Los estímulos antecedentes inducen la aparición de respuestas, que se convierten en *estímulos discriminativos* que, a su vez, favorecen otras conductas y así sucesivamente hasta la consecución del refuerzo (de forma parcial). Se trata de un proceso idéntico al ritual de búsqueda y administración de drogas, que consiste en comportamientos altamente estereotipados, cuya secuencia se repite de forma idéntica cada vez. Este hecho permite aplicar muy eficazmente los principios del aprendizaje y el condicionamiento en la modificación de las conductas adictivas. Así, por ejemplo, cuanto antes intervengamos en la cadena de respuestas, más eficaz serán las contingencias aplicadas, debido a que los primeros eslabones de la cadena se encuentran condicionados con menor fuerza que las últimas respuestas de la secuencia, las cuales se encuentran más cercanas a la consecución del refuerzo y, por lo tanto, son más difíciles de eliminar. Cualquier intervención es deseable que se lleve a cabo en los primeros momentos de la aparición de la cadea conductual, con el objetivo de evitar la secuencia de conductas y, finalmente, el gasto.

c. **Reforzamiento negativo.** La privación de la conducta adictiva tiene como consecuencia la aparición de un estado de ánimo aversivo, que es una de las características esenciales de cualquier síndrome de abstinencia. En el caso que nos ocupa, éste se manifiesta por un deseo irresistible por jugar, ansiedad, frustración si se le impide o dificulta, pensamientos recurrentes y obsesivos sobre el juego o por las estrategias que podría utilizar para ganar o recuperar pérdidas, etcétera. Dicho estado de ánimo desagradable se resuelve, al menos temporalmente, volviendo a jugar. En el caso de que se juegue más de lo que se pensaba, o si se pierde dinero, suele aparecer desazón, contrariedad, incluso culpabilidad; es decir, de nuevo un estado de ánimo (quizá todavía más) desagradable. Dicho malestar emocional se soluciona temporalmente jugando... De momento.

Mientras que el reforzamiento positivo tiene un papel más que relevante en el inicio de la adicción y es el responsable de los efectos deseables que se pretenden con el juego, el reforzamiento negativo sirve para **mantener** la conducta, toda vez que el juego hace desaparecer (muy brevemente, eso sí) el malestar que provocan las propias pérdidas. Comoquiera que dicho malestar puede aparecer como consecuencia del juego, pero que es virtualmente similar al producido por otro tipo de eventualidades (crisis afectivas, problemas laborales, angustia existencial, etcétera.) el adicto ha aprendido a resolver este estado emocional de una forma esencialmente simple: *jugando*. El juego se convierte en (y se consolida *como*) una estrategia de afrontamiento del malestar emocional que se generaliza y, finalmente, se lleva a cabo cada vez que aparece dicha experiencia desagradable, con independencia de cuál hubiera sido la causa. Este proceso de reforzamiento negativo adquiere especial relevancia incluso una vez que el jugador ha conseguido abandonar el juego. Y es que el malestar emocional puede provocarse no sólo por la privación del juego (que ya ha superado) sino también por eventualidades, en algunos casos incluso vitales, que le van a ocurrir en el futuro (problemas familiares, conyugales, financieros, pérdidas, situaciones de estrés, etcétera). Si no se ha entrenado suficientemente en estrategias para enfrentarse a dichas situaciones, lo más probable es que utilice el único recurso que conoce (jugar) para superarlas. Ése es uno de los factores principales que explican las recaídas y sobre los que volveremos posteriormente.

2. Sesgos cognitivos

Las personas tendemos a interpretar la realidad de forma que nos resulte significativa. Necesitamos entender tanto las circunstancias que nos rodean como la naturaleza de nuestro propio comportamiento. Cuando nos acontecen consecuencias importantes pretendemos conocer cuáles han sido las causas y, en este caso, los procesos atribucionales adquieren una especial relevancia (Weiner, 1986).

Pocas cosas son más significativas en nuestra sociedad capitalista que las ganancias o pérdidas de dinero. Pretendemos saber por qué no nos ha tocado esta vez la lotería (tampoco ésta) y cuáles fueron las circunstancias que favorecieron en aquella ocasión en la que ganamos tanto a la ruleta. Pero no sólo por una mera cuestión de entender lo que nos acontece, sino especialmente para guiar nuestra conducta en el futuro: en la nueva jugada.

Atribuciones y expectativas justifican la conducta de juego, la orientan y generalmente favorecen que se mantenga. Lo que ocurre es que, al igual que acontece con otras cuestiones vitalmente tan importantes como la felicidad, el ser humano no se comporta de forma estrictamente racional (Chóliz, 2008). Incluso en los procesos de razonamiento no se aplica la lógica que guía el funcionamiento de los ordenadores, sino que nos manejamos con heurísticos cognoscitivos (Tverski y Kahneman, 1981), atajos que sirven para adaptarnos a un entorno con una información difusa e inmensa, pero que en ocasiones pueden "jugarnos" malas pasadas.

Las personas no solemos entender bien conceptos de probabilidad. Incluso acostumbramos a tomar decisiones sin atender a las mismas. Para agravar todavía más el problema, la propia estructura y funcionamiento de los juegos de azar afectan severamente a la estimación de probabilidad (Chóliz, 2006), todo lo cual tiene como consecuencia el que se favorezca seguir jugando, a pesar de que lo más sensato sería dejarlo.

Los sesgos cognitivos no sólo inducen a jugar, sino que también sirven como autojustificación del propio comportamiento. Cuando se hace evidente que el juego sólo provoca pérdidas económicas, malestar emocional y es la principal causa de las discusiones familiares y de los problemas laborales, pero al jugador le resulta imposible dejarlo, la forma de superar esa grave incongruencia es justificando la conducta distorsionando los pensamientos. Los sesgos cognitivos ("otra vez será", "no era mi día de suerte", "casi gano esta vez"), tan creíbles como falaces, sirven para mitigar la angustia que provoca la disonancia cognitiva y mantener la conducta desadaptativa.

Los tratamientos cognitivo-conductuales de la adicción al juego (Ladouceur, Sylvain, Boutin y Doucet, 2002; Fernández-Alba, 2004) intervienen en estos procesos cognoscitivos para modificar el comportamiento.

Algunos de los sesgos o errores cognitivos más característicos de la adicción al juego son los siguientes (véase Fernández-Alba y Labrador, 2002 para una descripción detallada de los mismos):

a. **Ilusión de control**. Hemos comentado este sesgo al hablar de las máquinas tragaperras, puesto que hay juegos, o circunstancias asociadas a ellos, que favorecen el que se tenga una idea (equivocada) de que es posible disponer de una estrategia útil para conseguir ganar en los juegos de azar. Se trata de ilusiones que se refuerzan porque en ocasiones se gana dinero, pero que son absolutamente ingenuas. El que uno tenga el convencimiento de que lo que piensa es cierto, en absoluto dota de realidad a su creencia. Uno de los elementos que pueden favorecer la ilusión de control es que el juego "permita" que el jugador lleve a cabo acciones tales como apretar palancas, decidir qué elementos se seleccionan, etcétera, es decir, favorecer la actividad, incluso un cierto grado (aunque falso) de libertad que le permita llevar a cabo una supuesta estrategia. Así, por ejemplo, en juegos de dados se apuesta mucho más cuando quien los lanza es el propio jugador que si tira es el *croupier* o un compañero de juego (Strickland, Lewicki y Katz,1966; Chóliz, 2006).

b. **Insensibilidad al tamaño muestral**. En este sesgo se basa la eficacia de muchos de los juegos de azar. La aparición de los eventos tiene una determinada probabilidad, pero dicha probabilidad se cumple según la ley de los *grandes números*, es decir, teniendo en cuenta muchísimas jugadas. El jugador, no obstante, pretende predecir la aparición de un evento conociendo solamente unas cuantas jugadas anteriores. Es lo que se conoce como "falacia tipo II".

Relacionada con este sesgo está la creencia de que la probabilidad de que aparezca un determinado evento se incrementa si hace mucho tiempo que se ha presentado, es decir, que cuanto más tiempo pase sin aparecer un estímulo mayor será la probabilidad de que lo haga en la siguiente jugada. De nuevo se trata de un error (denominado "falacia tipo I") porque los eventos son independientes y la probabilidad siempre será la misma en cualquier jugada. Podemos arruinarnos apostando por que aparezca en la siguiente.

c. **Disponibilidad y representativdad**. Como acabamos de indicar, el azar no distingue entre los diferentes eventos. Todos tienen la misma probabilidad de ocurrencia, con independencia de sus características físicas (se trate de un número "bonito") o de su historial ("ya ha salido varias veces seguidas"). No obstante, hay ciertas peculiaridades de los eventos que pueden inducir a error en la estimación de probabilidad. Uno de los más característicos es el sesgo de representatividad (Tversky y Kahneman, 1982). En el caso del juego, aquellos eventos que son típicos de un tipo de juego o que tienen un significado relevante distorsionan la percepción de la probabilidad de ocurrencia. Así, por ejemplo, si a la hora de comprar un boleto de lotería podemos elegir entre el 47.523 y el 00004, es más probable que compremos el primero, a pesar de que ambos tienen exactamente la misma probabilidad de salir premiados (a decir verdad, muy poca). Igualmente, los eventos que recordamos más fácilmente parece que son más probables. Es lo que se conoce como sesgo de "disponibilidad" (Tversky y Kahneman, 1973). El hecho de que diariamente aparezcan por tantos medios de comunicación los resultados de los diferentes sorteos y loterías induce a incrementar la probabilidad percibida de que nos toque cuando, en el caso de la Lotería Primitiva por ejemplo, la probabilidad es de 1 entre 14 millones, aproximadamente. Vamos, que es mejor que no juegue.

Los sesgos de representatividad y disponibilidad han demostrado su importancia en juegos como el bingo, incluso en personas que no tienen problemas de adicción al juego de azar (Chóliz, y Villanueva, 2007).

d. **Correlación ilusoria**. También denominado "pensamiento mágico", es uno de los factores más relevantes en la conducta y pensamiento supersticioso. Utilizar el "lapicero de la suerte" para marcar los números del bingo porque en una ocasión cantamos línea marcando con él; comprar en una determinada administración de lotería; hacer caso a algún adivino de medio pelo; realizar las más increíbles compulsiones antes de jugar y un largo etcétera de acciones estereotipadas tan variadas como extravagantes, todas estas arbitrariedades no son sino conductas supersticiosas, que en alguna ocasión se relacionaron con la obtención de un premio y por lo tanto resulta difícil de erradicar, además que favorecen la repetición de la conducta (Joukhador, Blaszcynski y Maccallum, 2004). Es decir, que seguimos girando en torno a nosotros mismos antes de picotear un disco[11].

e. **Ratificación del sesgo**. Aunque pueda parecer increíble, los sesgos cognitivos son difíciles de cambiar, incluso en el caso de que las creencias sean contrarias a la evidencia. Algunas veces se acierta, y ello explica que se mantengan. Pero cuando no se cumplen las predicciones (lo cual ocurre en muchas ocasiones) se buscan razones que justifiquen los errores. Se trata de un sesgo habitual en el pensamiento normal y que explica el que mantengamos un buen concepto de nosotros mismos y de nuestras expectativas vitales. Pero, cuando lo que está en juego es el dinero o el pecunio personal, persistir en creencias erróneas que mantengan la conducta de juego (y las pérdidas que éste conlleva) no es sino una fuente de riesgos y problemas.

Se recuerdan muy bien las ocasiones en las que se ha ganado, pero se olvidan fácilmente las que produjeron pérdidas. A este sesgo se le suele denominar también como "fijación en las frecuencias absolutas". Cuando la pérdida es evidente e incontestable se buscan razones que la expliquen y que se arguyen que

---

[11] Como los sujetos experimentales del bueno de Skinner.

no volverán a ocurrir ("no llevaba mi lapicero de la suerte", "el que tenía a mi lado era gafe", "no pasé el número por la chepa de un jorobado", etcétera). Se trata de "explicaciones *post-hoc*" que "explican" el porqué no se obtuvo el premio. En otros casos, la pérdida se minimiza porque el evento que tenemos, o sobre el que hemos apostado tiene ciertas coincidencias con el que salió. *"Yo tenía el número 47.515, pero salió el 47.514, de manera que casi gano".* Pues da igual que hubieras tenido el 03.000: perdiste igualmente. Pero el adicto al juego nunca pierde, sino que "casi gana".

El último de los errores cognitivos característicos de la ratificación del sesgo se conoce como "confusión entre azar y suerte". En este punto también es preciso se claros: en el juego no existe la suerte, sólo el azar. No hay ninguna variable personal que tenga la potestad de poder modificar la aparición de los eventos. No obstante, se da la paradoja de que cuando se gana varias veces seguidas el jugador se cree en racha y sigue jugando (no espere usted ver a ningún jugador que deje la partida y se retire después de ganar sucesivamente). Pero cuando la racha es de pérdidas el jugador espera que "le cambie la suerte" y sigue intentándolo. Conclusión: siempre se juega.

III. EVALUACIÓN DE LA ADICCIÓN AL JUEGO DE AZAR

CRITERIOS DIAGNÓSTICOS

La adicción al juego no aparece como categoría diagnóstica como tal ni en el DSM-IV-TR, ni en el ICD-10. En realidad la ludopatía aparece etiquetada como "juego patológico" en el DSM-III y así se mantiene hasta la actualidad en el Eje I del DSM-IV-TR en el apartado de "Otros trastornos del control de los impulsos", al igual que piromanía o tricotilomanía. Su adscripción en dicho apartado es una cuestión que en la actualidad está siendo sometida a debate para la nueva edición del DSM-V (Petry, 2006; Potenza, 2006).

Los criterios diagnósticos para juego patológico según el DSM-IV-TR aparecen en el siguiente cuadro:

Criterios diagnósticos del Juego patológico (DSM-IV-TR)

A. Comportamiento de juego persistente y desadaptativo, tal y como indican al menos cinco de los siguientes ítems:

1. Preocupación por el juego.
2. Necesidad de jugar cantidades crecientes de dinero para conseguir el placer deseado.
3. Fracaso en los intentos por dejar de jugar.
4. Inquietud o irritabilidad cuando intenta interrumpir el juego.
5. Juego como estrategia para reducir disforia.
6. Juego como estrategia de compensar las pérdidas del propio juego (*"caza"*).
7. Se engaña a familiares y terapeuta sobre el grado de implicación en el juego.
8. Se cometen actos ilegales para financiar el juego.
9. Se arriesgan y pierden relaciones personales, oportunidades profesionales y educativas a causa del juego.
10. Se confía en que los demás alivien la situación económica causada por las pérdidas.

B. El comportamiento de juego no se explica mejor por la presencia de un episodio maníaco.

Si atendemos a las características que hemos indicado anteriormente, podemos asegurar que el juego patológico no sólo es un problema en el control de los impulsos, que es el apartado en el que se encuentra en la actualidad. De hecho, la dificultad en dejar de consumir, especialmente cuando existen estímulos condicionados y discriminativos relacionados con las diferentes sustancias es uno de los síntomas característicos de cualquier adicción a sustancias (drogodependencias) y sin embargo no se les clasifica en ese apartado por ello. En este sentido, entendemos que los problemas asociados con el juego pertenecen a un síndrome de una entidad de mayor envergadura en el que aparecen, además del propio trastorno en el control de impulsos, otros síntomas muy característicos de las conductas adictivas. De hecho, los ítems 2 y 4 del DSM-IV-TR no son otra cosa que *tolerancia* y *abstinencia*, respectivamente, que son las características sustantivas de la dependencia. Para Potenza (2006), uno de los investigadores a los que se le encargo un informe sobre la posible revisión del concepto de juego patológico para la próxima edición del DSM-V, el juego patológico y la dependencia de sustancias tienen una serie de características comunes tales como: a) características clínicas similares (pérdida de control, tolerancia y abstinencia), b) una secuencia clínica similar (tasas elevadas en adolescencia y bajas en últimas etapas de la edad adulta), c) bases biológicas similares (implicación de los circuitos dopaminérgicos límbicos y sistema serotoninérgico frontal) y d) tratamiento similar (tratamiento cognitivo conductual o antagonistas opiáceos).

Profundizando más en esta cuestión, y retomando las características que indicábamos al principio de este texto, debemos señalar que los principales criterios de las conductas adictivas son los siguientes: a) tolerancia, b) abstinencia, c) pérdida de control, d) interferencia con actividades cotidianas y e) pérdida de interés por actividades placenteras. Todos ellos están presentes en el denominado "juego patológico", además de otros más específicos como la "caza", el recurso al engaño para conseguir dinero o la comisión de actos ilegales. Además, el proceso de aparición y consolidación de la adicción al juego se explica por los mismos parámetros que los que viene indicando la OMS para las drogodependencias. Por último, pero no por ello menos relevante, el tratamiento más eficaz y característico en la adicción al juego se basa en las mismas técnicas que los del resto de drogodependencias (control de estímulo, exposición, entrenamiento en conductas alternativas, prevención de recaídas, etcétera). Todo esto justifica el que nos inclinemos a pensar que el denominado juego patológico en realidad consiste en una auténtica adicción al juego[12].

PROCEDIMIENTOS DE EVALUACIÓN

Sin duda ninguna, el cuestionario más generalizado para diagnosticar el juego patológico es el SOGS (*South Oaks Gambling Screen*) de Lesieur y Blume (1987). Se trata de un cuestionario de 20 ítems, traducido y adaptado a numerosas poblaciones, utilizado en estudios epidemiológicos y poblaciones clínicas. Tiene unas propiedades psicométricas muy aceptables (elevada consistencia interna, así como índices de validez y fiabilidad superiores a 0,85). No obstante, es necesario indicar al menos dos precisiones. La primera es que se basa en los criterios del DSM-III, cuando en realidad ya vamos para la quinta edición del Manual de Diagnóstico. En segundo lugar, que es un cuestionario de historia vital, muchos de cuyos ítems hacen referencia a las experiencias pasadas con el juego, lo cual induce a que aparezcan *falsos positivos*. Es preciso tenerlo en cuenta para distinguir entre jugadores patológicos actuales y quienes tuvieron ese problema en el pasado.

A continuación exponemos el SOGS.

---

[12] Muy probablemente habría que ampliar el concepto de adicción a otras conductas relacionadas con el ocio y la utilización de las nuevas tecnologías, tales como videojuegos, Internet o telefonía móvil (Chóliz, Villanueva y Tejero, 2008)

THE SOUTH OAKS GAMBLING SCREEN (SOGS)
(Lesieur y Blume, 1987)

1. ¿Ha jugado alguna vez en su vida a los siguientes juegos? Señale para cada uno de ellos de acuerdo con la siguiente escala (de 1 a 3)

1: «nunca» 2: «menos de una vez por semana» 3: «una vez por semana o más»

- ☐ Juegos de cartas con apuestas de dinero
- ☐ Apuestas de carreras de caballos
- ☐ Apuestas en el frontón u otros deportes tradicionales
- ☐ Lotería, quinielas, primitiva, bonoloto o boletos de la ONCE
- ☐ Casino
- ☐ Bingo
- ☐ Bolsa
- ☐ Tragaperras
- ☐ Deportes u otras actividades

2. ¿Cuál es la mayor cantidad de dinero que ha gastado en el juego en un solo día?
- ☐ Nunca he jugado dinero
- ☐ Menos de 6 euros
- ☐ Entre 6 y 30 euros
- ☐ Entre 30 y 60 euros
- ☐ Entre 60 y 300 euros
- ☐ Más de 300 euros

3. ¿Tienen(o han tenido) sus padres algún problema con el juego?
- ☐ Mis padres juegan (o han jugado) demasiado
- ☐ Mi padre juega (o ha jugado) demasiado
- ☐ Mi madre juega (o ha jugado) demasiado
- ☐ Ninguno de los dos juega (o ha jugado) demasiado

4. ¿Alguna vez vuelve de nuevo a jugar para recuperar el dinero perdido en los juegos de azar?
- ☐ Nunca
- ☐ Algunas veces, pero menos de la mitad de las ocasiones
- ☐ La mayoría de las veces que pierdo dinero
- ☐ Siempre que pierdo dinero

5. ¿Alguna vez ha dicho que había ganado dinero en el juego cuando en realidad había perdido?

☐ Nunca
☐ Sí, pero menos de la mitad de las veces que he perdido
☐ La mayoría de las veces

6. ¿En realidad cree usted que tiene (o ha tenido alguna vez) problemas con el juego?

☐ No
☐ Ahora no, pero en el pasado sí
☐ Ahora sí

7. ¿Ha jugado alguna vez más dinero de lo que tenía pensado?

8. ¿Alguna vez le han criticado por jugar dinero?

9. ¿Se ha sentido alguna vez culpable por jugar o por lo que las consecuencias del juego?

10. ¿Ha sentido alguna vez que le gustaría dejar de jugar pero no se siente capaz ello?

11. ¿Ha ocultado alguna vez a su pareja, a sus hijos o a otros seres queridos boletos de lotería, fichas de apuestas, dinero obtenido en el juego u otros signos de juego?

12. ¿Ha discutido alguna vez con las personas con que convive sobre la forma administrar el dinero?

13. Caso de que haya respondido afirmativamente a la pregunta anterior, ¿se han centrado alguna vez las discusiones de dinero sobre el juego?

14. ¿Ha pedido en alguna ocasión dinero prestado a alguien para poder jugar y no se lo ha devuelto?

15. ¿Ha perdido alguna vez tiempo de trabajo o de clase debido al juego?

16. Si ha pedido prestado dinero para jugar o pagar deudas, ¿a quién se lo ha pedido o de dónde lo ha obtenido? (ponga una x en las respuestas que sean ciertas en su caso)
- ☐ Del dinero de casa
- ☐ A mi pareja
- ☐ A otros familiares
- ☐ De bancos o cajas de ahorro
- ☐ De tarjetas de crédito
- ☐ De prestamistas
- ☐ De la venta de acciones u otros valores bancarios
- ☐ De la venta de propiedades personales o familiares
- ☐ De la firma de cheques falsos o de extender cheques sin fondos
- ☐ De una cuenta de crédito en el mismo casino

Forma de corrección
- No se valoran los ítems 1, 2, 3, 12 y 16j
- Suma 1 punto si ha contestado SÍ en los ítems 7 al 11 y 12 al 16
- Suma 1 punto si ha contestado los siguiente:
- Ítem 4: "La mayoría de las veces que pierdo", o "siempre que pierdo".
- Ítem 5: "Sí, pero menos de la mitad de las veces que he perdido", o "la mayoría de las veces"
- Ítem 6: "Ahora no, pero en el pasado sí", o "ahora sí"

La valoración de la puntuación obtenida es la siguiente:
- 0: Sin problemas de juego
- 3-4:   Problemas leves de juego
- 5-20: Probable jugador patológico

Más recientemente, la NORC (*National Opinion Research Council*) desarrolló una esntrevista estructurada de 17 ítems, también con buenas propiedades psicométricas basándose en los criterios del DSM-IV (NORC, 1999). A continuación exponemos el NODS (*NORC DSM-IV Screen for Gambling Problems*):

NODS (NORC DSM-IV Screen for Gambling Problems)

1. ¿Ha tenido periodos de dos o más semanas en los que pasara mucho tiempo pensando en sus experiencias con el juego o planificando con detalle futuros momentos de juego o de apuestas?

2. ¿Ha tenido periodos de dos o más semanas en los que pasara mucho tiempo pensando en cómo conseguir dinero para jugar?

3. ¿Ha tenido periodos de dos o más semanas en los que necesitaba jugar cada vez más cantidad de dinero, o hacer apuestas mayores que antes, para conseguir el mismo grado de activación?

4. ¿Ha intentado en alguna ocasión dejar de jugar, reducir o controlar el juego?

5. Si lo ha hecho, ¿se sintió intranquilo o irritable?

6. ¿Ha intentado en alguna ocasión dejar de jugar, reducir o controlar el juego y no lo ha conseguido?

7. En ese caso, ¿ha ocurrido tres veces o más?

8. ¿Ha jugado alguna vez para escapar de otros problemas personales?

9. ¿Ha jugado alguna vez para aliviar sentimientos desagradables, tales como culpabilidad, ansiedad, depresión o ansiedad?

10. ¿En alguna ocasión ha vuelto a jugar otro día para recuperar las pérdidas de dinero en el juego?

11. ¿Alguna vez ha mentido a su familia, amigos, o a otras personas sobre cuánto juega o cuánto dinero perdía en el juego?

12. Si eso es así, ¿lo ha hecho tres veces o más?

13. ¿Alguna vez ha extendido un cheque sin fondos, o a cogido dinero que no era suyo (de familiares u otras personas) para jugar?

14. ¿Le ha producido el juego problemas graves y repetidos en su relación con familiares o amigos?

15. ¿Le ha producido el juego problemas en los estudios, tales como perder clases o días de colegio, o suspender algún curso?

16. ¿El juego le ha provocado la pérdida de algún trabajo, o bien tener problemas laborales o no aprovechar alguna oportunidad profesional importante?

17. ¿Ha necesitado alguna vez pedir prestado dinero a familiares u otras personas para poder salir de una situación económica desesperada causada en gran parte por el juego?
Los criterios del DSM-IV de la escala NODS se reflejan en la siguiente relación:

1. Preocupación por el juego: Items 1 ó 2
2. Tolerancia: Item 3
3. Abstinencia: Items 4 ó 5
4. Pérdida de control: Items 6 ó 7
5. Conductas de escape: Items 8 ó 9
6. "Caza": Item 10
7. Mentiras: Items 11 ó 12
8. Actos ilegales: Item 13
9. Relaciones en riesgo: Items 14, 15 ó 16
10. Confianza en los demás para resolver los problemas: Item 17

Las puntuaciones obtenidas (de 0 a 10) se clasifican según la siguiente escala:
     0: Riesgo bajo de jugador
     1-2: Riesgo de jugador
     3-4: Jugador problema
     5-10: Jugador patológico

La utilización de uno u otro cuestionario favorece el que se obtengan resultados diferentes en los estudios epidemiológicos (Becoña, 2004). Así, mientras que con el SOGS la proporción de jugadores patológicos oscila entre 1-2% de la población, siendo aproximadamente 1,5% el porcentaje más frecuente, con el NODS los resultados bajan a proporciones entre 0,1 y 0,9%.

Ambos instrumentos son escalas útiles para estudios epidemiológicos y durante las primeras fases del tratamiento para el diagnóstico. No obstante, la evaluación de la adicción al juego requiere del análisis en mayor profundidad de las condiciones que favorecen que aparezca (tanto situacionales como personales) y de las consecuencias del mismo sobre el individuo y las personas de su entorno. Es decir, un análisis funcional de la conducta. Esto nos suministrará un conocimiento más preciso de la magnitud del problema, de las implicaciones personales, sociales y familiares del mismo, de las condiciones que lo favorecen y mantienen, así como del resultado del tratamiento y la evolución de la intervención.

A continuación proponemos un modelo de autorregistro que puede utilizarse durante el periodo de evaluación y tratamiento y que sirve adecuadamente para llevar a cabo un análisis funcional de la conducta.

AUTORREGISTRO PARA ANÁLISIS FUNCIONAL

Nombre: Fecha:

Hora	Tipo de juego (lugar)	Consumo sustancias (A, DU, DE)	Dinero gastado o ganado	Tiempo dedicado	Qué estabas haciendo ANTES	Qué pensabas o sentías ANTES	Qué hiciste DESPUÉS	Qué pensaste o sentiste DESPUÉS

Como en todo análisis funcional, lo que se pretende es analizar cuáles son las condiciones que favorecen la conducta y aquéllas que la mantienen, con la finalidad tanto de conocer las características de la adicción como de intervenir en las mismas y comprobar la eficacia del tratamiento. Por ello el autorregistro debe llevarse a cabo a lo largo de todo el proceso terapéutico. El jugador llevará una ficha como la que hemos descrito anteriormente para cada día y deberá cumplimentarla lo antes posible, una vez que haya jugado. Debe consistir en un procedimiento en el que se optimice el difícil equilibrio entre intentar registrar todos los factores implicados que son relevantes en el análisis de la conducta y la facilidad de uso para el paciente, de forma que no por exhaustivo resulte inviable.

Los apartados del autorregistro que proponemos analizar son los siguientes:

Hora. Nos indica el patrón diario de juego y permite establecer una previsión de los momentos especialmente críticos en los que hay riesgo de jugar. Esta información es fundamental para poder elaborar un protocolo de actividades diarias en las que se indiquen con precisión, y en cada momento, las conductas alternativas que prevengan la aparición del juego. Se trata de incidir en el momento preciso con las técnicas adecuadas y para ello es esencial conocer el patrón temporal del juego.

Tipo de juego/lugar. Permite conocer la tipología del jugador, diversidad de juegos que frecuenta y lo que supone cada uno de ellos en cuanto a dinero gastado, tiempo dedicado, etcétera. En muchos casos el tipo de juego ya está asociado a un lugar en concreto (quiniela, casino, etc.), mientras que en otros puede ser necesario indicarlo (nombre del bar o del bingo, punto concreto de venta donde se adquieren los boletos, etc.). El conocimiento de este factor será de utilidad en diferentes fases del tratamiento. Al principio, para adecuar las técnicas de control de estímulo y evitar que aparezca el juego. Al final de la intervención, para reconocer situaciones de riesgo y entrenar en prevención de recaídas.

Consumo de sustancias (A, Du, De). En casos como máquinas tragaperras, bingo o casino, el juego suele asociarse al consumo de alcohol y tabaco. Es preciso indicar el tipo de sustancia y la cantidad consumida para calcular tanto los gramos de alcohol ingeridos como la cantidad de nicotina. Conviene indicar el consumo antes, durante y después del juego (*A, Du, De*), ya que en muchos casos el alcohol favorece tanto el inicio como el mantenimiento del juego, pero en otros se convierte en una forma de aliviar posteriormente la reacción emocional desagradable que se produce al perder. El alcohol induce a jugar y se refuerza negativamente por el malestar que provocan las pérdidas del juego.

Dinero gastado/ganado. Indicar la cantidad de dinero que se ha perdido o que se ha ganado es relevante porque el jugador no siempre pierde. De hecho, si no ganara en ocasiones, no se reforzaría la conducta de jugar ni se produciría la adicción al juego. Pero, por regla general, el jugador tiene una percepción distorsionada de la frecuencia con la que consigue ganar y la cantidad de dinero que obtiene con esta actividad. Es útil manejarnos con esta variable para analizar con mayor detalle las consecuencias (qué piensa, cómo se siente, qué hace) después de ganar o perder en el juego. Esta información será crucial en la intervención cognitiva, puesto que es más fácil modificar sesgos en el pensamiento cuando se tienen evidencias objetivas de cómo ha transcurrido el juego y las pérdidas que éste le ha ocasionado. En realidad es muy difícil modificar sesgos como la correlación ilusoria o la ratificación del sesgo, por ejemplo, si no se dispone de evidencia objetiva de las consecuencias (ganancias o pérdidas) del juego.

Tiempo dedicado. Como hemos indicado al principio, el juego es una actividad lúdica. Se inicia como una experiencia en la que uno dedica tiempo y recursos, pero en el caso del juego de azar finalmente se convierte en una dependencia a intentar conseguir dinero. Es especialmente importante constatar la cantidad de tiempo que se dedica (singularmente en máquinas tragaperras, bingo o casinos) para evidenciar de que se trata de una actividad que interfiere con otras tareas cotidianas, lo cual es uno de los criterios principales de la adicción. El tener en cuenta el tiempo dedicado a jugar ayuda a establecer las conductas alternativas que se van a promover (y que le favorecerán adquirir recursos personales para superar la adicción), ya que éstas van a ocupar el tiempo que actualmente se está dedicando al juego.

Qué estabas haciendo ANTES. Ya hemos comentado anteriormente que las adicciones son conductas estereotipadas (en el caso de la drogadicción se denominan "rituales") y que su proceso de adquisición y mantenimiento son un claro ejemplo de encadenamiento. Las conductas previas se convierten en Estímulos Discriminativos (E^d) que favorecen la ejecución de otras conductas (que son el siguiente eslabón de la cadena), las cuales refuerzan las anteriores y sirven como E^d de las siguientes. Y así sucesivamente hasta la obtención del refuerzo final, que es el dinero. Mediante el análisis funcional no sólo conoceremos con precisión la secuencia de las conductas del ritual, sino que el propio jugador puede hacerse consciente de la misma, ya que en muchos casos este tipo de conductas encadenadas se ejecutan de manera automática y, por lo tanto, generalmente de forma no consciente. Otra de las ventajas de conocer la secuencia del encadenamiento es que cuanto más cercanos nos encontremos de la obtención del refuerzo final, más difícil es detenerse, de manera que es útil que el jugador reconozca las etapas para poder ser consciente del momento de la secuencia en la que se encuentra y poner en marcha los recursos necesarios para detenerla lo antes posible. Es más fácil buscar una ruta alternativa para volver a casa por no pasar por delante de la puerta del bingo que, una vez que hemos enseñado del DNI al portero, decidir que no vamos a jugar.

Qué pensabas o sentías ANTES. Los antecedentes no sólo son conductas o estímulos ambientales físicos. También determinados pensamientos automáticos, así como ciertos estados afectivos pueden inducir a jugar. Como hemos visto en el esquema de la explicación de la adicción al juego, los errores cognitivos pueden favorecer que se siga realizando una conducta a pesar de las pérdidas. Similarmente, los estados afectivos negativos provocados por cualquier circunstancia (y no sólo por las propias pérdidas del juego) pueden inducir a jugar como una forma de escapar de dicho estado anímico desagradable. Al igual que el drogadicto vuelve a consumir para evadirse de sus problemas, el jugador hace lo propio con el juego. Los adictos han aprendido que la forma de superar esos estados afectivos desagradables es volviendo a jugar, lo cual todavía les generas más problemas, que es preciso solucionar... jugando.

Comoquiera que disponemos de numerosas técnicas psicológicas para superar dichos estados desagradables, la información sobre la relación entre ellos y el juego es útil para determinar la idoneidad de técnicas de reducción de la ansiedad, algunas de las cuales detallaremos posteriormente.

Qué hiciste DESPUÉS. Se trata de analizar los refuerzos positivos o negativos del juego. En el caso de las ganancias puede dedicarlo para saldar alguna deuda, invitar a los amigos o comprarle algún obsequio a la pareja como forma de compensar los perjuicios ocasionados, o mitigar la propia sensación de culpabilidad que los jugadores suelen tener por gastarse el dinero de forma tan estúpida. En el caso de las pérdidas conviene analizar qué es lo que hace después de ello, porque en ocasiones puede tratarse de conductas peligrosas o desadaptativas (robar, engañar o estafar a otras personas, consumir sustancias, etc.).

Qué pensaste o cómo te sentiste DESPUÉS. Como hemos visto anteriormente, las ganancias suelen servir para confirmar los sesgos cognitivos, que a su vez inducen a seguir jugando. La euforia provocada por la obtención de premios importantes favorece la disposición a jugar. Pero se da el caso de que la culpabilidad o la frustración que aparece al perder mucho dinero es un estado afectivo tan desagradable que requiere hacer algo para superarlo. Irónicamente, en ocasiones se torna a jugar de forma compulsiva para intentar recuperar las pérdidas, o como forma de abstraerse en una actividad que, a la postre, todavía le provocará más pérdidas y otros perjuicios afectivos quizá más importantes. La culpabilidad por jugar (por volver a jugar), así como la percepción de que uno mismo no puede hacer nada para superar el problema son dos de los factores principales que explican las recaídas y que es preciso intervenir en los programas de prevención de las mismas.

IV. TRATAMIENTO DE LA ADICCIÓN AL JUEGO DE AZAR

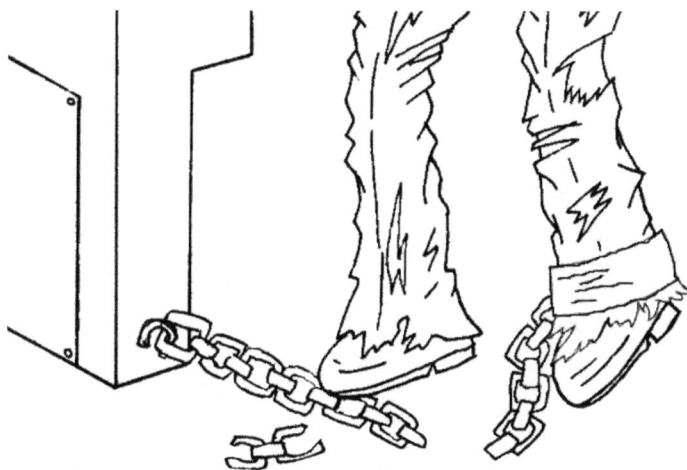

A pesar de la gravedad de la adicción al juego de azar y lo generalizado de este problema, no existen en la actualidad programas
de prevención primaria y el tratamiento más común durante mucho
tiempo ha sido el que suministraban asociaciones de ex-jugadores.
Los datos revelan que muchos de los que superan el problema del
juego lo hacen de forma natural, sin intervención terapéutica (Carballo, Secades, Fernández, García y Sobell, 2004). Pese a ello, el
porcentaje de personas que acuden a tratamiento también son los
que presentan una patología más severa, no han podido superar la
adicción por sí mismos y llevan con este grave problema durante años. Recientemente se están incorporando a la red asistencial
(principalmente en centros de día) tratamientos especializados para
adicción al juego y en la actualidad en España ya se considera ofi-
cialmente como un problema de salud por parte del Ministerio de
Sanidad, por lo cual debe formar parte de su cartera de servicios.

Pese al hecho de que la oferta de tratamientos especializados es
muy reciente, al menos si la comparamos con la que se dispensan
a otros trastornos similares, como las propias drogodependencias,
la eficacia terapéutica es ciertamente considerable. Ello puede ser
debido, entre otras razones, a que las adicciones no tóxicas se distinguen de las drogodependencias en que las patologías médicas
asociadas son de menor gravedad y presentan un menor número de
conductas antisociales. Al mismo tiempo, es un hecho constatado
el que en este caso la investigación científica ha ido por delante de
la demanda asistencial, con lo cual se ha dispuesto de procedimientos eficaces ya demostrados experimentalmente, una vez que se ha
creado el servicio especializado.

La adicción al juego puede concurrir con problemas de otro
tipo, tales como consumo excesivo de alcohol o tabaco, especialmente en el caso de máquinas tragaperras. Pero puede aparecer

comorbilidad con otros problemas psicopatológicos, generalmente trastornos en el estado de ánimo. A la hora de intervenir hemos de aclarar previamente si dichos problemas son consecuencia del juego, si están asociados al mismo (como es el caso del consumo de alcohol en las máquinas de premio), o bien si el juego se buscaba inicialmente como una estrategia de superar patologías del estado de ánimo anteriores. No obstante, incluso en este último caso, una vez que se produce la adicción al juego, ésta se mantiene con independencia de la causa primera por la que se inició, ya que los estímulos y condiciones actuales asociadas al juego mantienen la adicción. Habría que decidir si hay que tratar al mismo tiempo el problema psicopatológico, o si lo prioritario es comenzar con el tratamiento de adicción al juego y ver cómo evolucionan los demás problemas.

Finalmente, la adicción al juego tiene como consecuencia la perturbación de relaciones sociales y familiares. Los jugadores se convierten en deudores de sus amigos y se convierte en el principal problema financiero de su familia, ya que gastan incluso el dinero que es necesario para el funcionamiento de las economías domésticas, con independencia de los recursos que se dispongan. De hecho puede ocurrir que después de obtener una enorme ganancia en el juego, toda ésta se pierda, a pesar de lo cual se continúe jugando hasta arruinar a la familia. En estos casos la convivencia familiar resulta insoportable, se deteriora la convivencia y la ruptura aparece como inevitable.

Como en cualquier otra adicción, la intervención debe cumplir una serie de objetivos fundamentales que se organizan a lo largo de las cuatro etapas del tratamiento que proponemos. En cada una de dichas fases de la intervención deberán implementarse las técnicas correspondientes para alcanzar los objetivos terapéuticos.

El esquema básico de tratamiento es el siguiente:

TRATAMIENTO DE LA ADICCIÓN AL JUEGO DE AZAR	
1. Fase motivacional	
Objetivos	Admitir que se tiene un problema con el juego. Decisión de abandonarlo. Compromiso terapéutico
Técnicas	Entrevista motivacional. Contrato conductual
2. Superación del deseo y síndrome de abstinencia	
Objetivos	Abstinencia de juego. Superación del deseo de jugar.
Técnicas	Control de estímulo. Entrenamiento en conductas incompatibles/alternativas. Reducción del malestar
3. Cambios conductuales y actitudinales	
Objetivos	Descondicionamiento de situaciones de juego. Adquisición de estilo de vida saludable. Habilidades sociales y de relación interpersonal
Técnicas	Extinción. Contracondicionamiento. Tratamiento cognitivo. Entrenamiento en habilidades sociales y de comunicación
4. Consolidación y prevención de recaídas	
Objetivos	Mantenimiento. Prevención de recaídas.
Técnicas	Entrenamiento en prevención de recaídas.
El tratamiento es individual, si bien algunas técnicas y objetivos pueden tratarse en grupo	

FASE 1. ETAPA MOTIVACIONAL

Como hemos comentado al explicar el modelo teórico del desarrollo de la adicción al juego, el contexto sociocultural favorece el abuso en el juego de azar, no existen programas preventivos y la percepción de riesgo es muy baja. Además, es una de las conductas adictivas que tiene una consideración social y moral menos peyorativa. En los casos más graves puede inducir sentimientos de lástima en los demás, pero al jugador se le valora de una forma menos grave que al drogodependiente. Ello facilita el que el acceso al juego y la conducta de abuso posterior carezcan de las limitaciones sociales que aparecen incluso en las drogas legales, como el tabaco y alcohol.

No obstante, comoquiera que en la adicción al juego no existe una dependencia química, el jugador piensa que la solución a su problema sólo es responsabilidad suya y de su fuerza de voluntad. Ello dificulta el que se acuda en un primer momento a tratamiento profesional, cuya eficacia sería mayor si se interviniera de forma temprana ("juego porque me gusta y lo puedo dejar cuando quiera", dicen).

En esta primera fase se pretenden básicamente tres objetivos:

a. **Admitir** que se tiene un **problema**. La adicción al juego de azar es un trastorno que en algunos casos es de extrema gravedad, provoca severos desajustes emocionales, conductuales y cognitivos a quienes lo padecen, desestructura las relaciones sociales y familiares más básicas y puede acarrear graves problemas legales, puesto que los jugadores acuden a todo tipo de estratagemas, incluso estafas, para conseguir dinero con el que jugar. Cuando el fraude o el desfalco lo hacen a empresas o entidades financieras pueden acabar en prisión. Finalmente, en la fase de desesperanza, es uno de los trastornos que pueden conducir al suicidio.

b. **Necesidad de ayuda**. La fuerza de voluntad no suele ser suficiente cuando se ha llegado a un extremo en el que las condiciones ambientales y personales impelen a jugar y convierten esta actividad en necesidad ineludible. El juego no solamente ha provocado severos problemas psicológicos y sociales, sino que se ha convertido, al mismo tiempo, en la única forma que tiene el jugador para resolverlos. El juego es causa y consecuencia de múltiples problemas que exigen una intervención psicológica profesional, toda vez que se han reducido los recursos personales y la capacidad para enfrentarse a problemas de diferente índole.

c. Compromiso para el cambio. Cualquier tratamiento psicológico supone esfuerzo. Con mayor motivo el tratamiento de las adicciones, que no sólo consisten en hábitos conductuales firmemente consolidados, sino en los cuales existe también una severa dependencia. Al esfuerzo en llevar a cabo las tareas que se indican se suma el malestar que provoca la privación (no jugar), que se sufre con síntomas de abstinencia. Este malestar dificulta todavía más el cambio y hace necesario un compromiso explícito por solucionar el problema.

Como hemos indicado en el esquema del proceso de tratamiento, en esta primera fase suelen utilizarse principalmente dos procedimientos: entrevista motivacional y contrato conductual.

1. Entrevista motivacional

La motivación es un proceso. Es lo que mueve la conducta en una determinada dirección, la dirige hacia metas concretas y la mantiene con intensidad y duración suficiente para conseguir los objetivos pretendidos (Chóliz, 2003). Es dinámica, en el sentido de que se incrementa o decrece en función de numerosos factores, tanto personales como ambientales. La tarea en la intervención terapéutica consiste, precisamente, en provocar y mantener una elevada motivación para el cambio (Miller y Rollnick, 1999). En muchos casos no es algo que venga dado por el sujeto, sino que forma parte incluso de la actividad terapéutica y, en gran medida, también es responsabilidad del terapeuta favorecer la motivación. Para ello debe crearse un clima terapéutico apropiado, establecer unos objetivos creíbles y viables, indicar pautas de acción concretas que debe llevar a cabo, describir cómo deben realizarse las tareas y proveer de apoyo social y afectivo, puesto que se trata de situaciones que desbordan a quienes lo padecen. No basta con saber escuchar (algo tan obvio que causa rubor hasta explicitarlo), ni con que el adicto sepa lo que le ocurre y se acepte a sí mismo (¿cómo no?). El terapeuta tiene la obligación de proveer ayuda y asesoramiento.
Las acciones concretas pueden resumirse en los siguientes puntos:

a. **Aceptación y empatía**. La empatía probablemente sea la emoción más relacionada con la conducta de ayuda (Chóliz e Iñiguez, 2002), que es lo que procura el profesional a quien tiene problemas con la adicción. Pero no se trata simplemente de entender y aceptar. Requiere de un compromiso activo que se basa en las siguientes acciones (Miller y Rollnick, 1999):

- Plantear preguntas de forma abierta.
- Escuchar de forma reflexiva.
- Exponer afirmaciones.
- Hacer resúmenes breves a lo largo de la sesión.
- Plantear cuestiones que favorezcan la motivación: reconocimiento del problema, decisión de cambio, optimismo.
- Evitar confrontaciones.

b. **Ofrecer consejo y ayuda**. Una de las diferencias entre los tratamientos conductuales y los de orientaciones terapéuticas no científicas consisten en que en las intervenciones comportamentales se brinda consejo y asesoramiento explícito. No sólo es necesario escuchar al paciente y favorecer que acepte la realidad y a sí mismo, sino que además se deben ofrecer pautas concretas de acción (qué hacer, cuándo y cómo). Qué duda cabe que el terapeuta debe comprender la situación en la que se encuentra el paciente (en este caso adicto), asumirla y no prejuzgarla; debe tener un talante comprensivo e incluso amable. Pero también debe prestar ayuda técnica, mostrando y demostrando, explicando y justificando técnicas y procedimientos que el paciente desconoce y que han demostrado su eficacia científicamente. El terapeuta, además de escuchar, debe responder.

c. **Favorecer el cambio**. Es preciso allanar el camino de las dificultades existentes e incluso anticiparse a las que pueden llegar. Deben identificarse los posibles obstáculos, proponer alternativas y consensuar las acciones para favorecer el compromiso personal. Si el adicto carece de recursos personales, el propio terapeuta debe tomar la iniciativa (llamar a asociaciones de exjugadores, darle los formularios de autodenuncia con la finalidad de que se le impida el acceso a casinos y salas de bingo, etcétera).

d. Disminuir el *craving*. Los primeros momentos de abstinencia son especialmente críticos debido al malestar que se padece. Es preciso proveer de estrategias y recursos para superar esos difíciles momentos mediante actividades distractoras técnicas para reducir la activación y tensión, etc. y así evitar una temprana recaída. El adicto se ha acostumbrado a resolver su abstinencia volviendo a jugar (al igual que el drogodependiente lo hace volviendo a consumir). Es por ello que debemos de entrenar en procedimientos para aliviar el malestar emocional, que es el principal síntoma del síndrome de abstinencia, mediante técnicas que han demostrado su eficacia y que describiremos posteriormente, tales como respiración, relajación, control mental, etcétera.

e. Fomentar la autoeficacia. Es difícil mantener consistentemente una actividad cuya recompensa se obtiene a largo plazo. Para ello se debe tener confianza en que se hace lo que es necesario y que se tienen las capacidades y recursos para llevarlos a cabo. Es lo que se denomina autoeficacia (Bandura, 1982). Pero la autoeficacia también se fomenta con acciones concretas: establecimiento de metas a corto plazo (moldeamiento), suministrar *feedback* de ejecución, adquisición de recompensas intermedias y favorecer motivación intrínseca mediante tareas desafiantes y sensación de autodeterminación.

2. Contrato conductual

Con el contrato conductual se explicitan las condiciones en las que va a consistir la intervención, las tareas que va a realizar cada uno (adicto, terapeuta y coterapeuta), así como la previsión de las fases en las que va a discurrir el proceso terapéutico. Es un documento fundamental tanto para mantener la motivación para el cambio, como para evaluar convenientemente el propio tratamiento, evitar ambigüedades y dar seguridad psicológica. No debe ser largo, ni farragoso, ya que no es un documento legal, sino técnico. El incumplimiento de las cláusulas sirve para evidenciar dónde ha podido recaer la causa de un eventual fracaso terapéutico, o cuáles son los problemas más difíciles de resolver, sin otra trascendencia que los aspectos puramente técnicos.

En general, las funciones del contrato conductual son las siguientes:

a. **Favorecer el compromiso**. La aceptación voluntaria y formal de las cláusulas del contrato favorece la adhesión al tratamiento y la implicación activa en éste, tanto por parte del adicto, como de los coterapeutas. Deben establecerse una serie de criterios externos para evaluar las acciones (dinero en la cuentas bancarias, lugares donde ha estado, etcétera). Debe revisarse semanalmente y la duración no debe ser inferior a 9 meses, puesto que no existen tratamientos de las adicciones *"express"*. En general, el tiempo es una variable crítica en el tratamiento de las adicciones y aunque nunca debe ser una excusa para la inacción por parte del terapeuta (como parece que ocurre en muchos tratamientos psicoanalíticos), lo bien cierto es que la adquisición y consolidación de hábitos saludables alternativos, así como la extinción de las reacciones condicionadas al juego, también son cuestión de tiempo. Es por ello que el contrato conductual, que favorece la adhesión al tratamiento y el compromiso con las acciones terapéuticas, es fundamental en la solución de la adicción al juego.

b. **Proveer metas y objetivos**. En el contrato deben señalarse los objetivos que se pretenden a lo largo del tratamiento. No solamente el objetivo final de dejar de jugar sino, principalmente, las metas a corto plazo que es preciso alcanzar durante el proceso. Alcanzar progresivamente las metas que se han propuesto informa de que se funciona correctamente, lo cual favorece la motivación para seguir actuando y corregir a tiempo las eventualidades dificultades.

c. **Dotar de seguridad y autoeficacia**. Antes de comenzar el tratamiento las personas se encuentran confundidas, sin saber qué les ocurre ni qué pueden hacer para solucionar su problema. Piensan incluso que son enfermos incurables. El cumplimiento del contrato pone de manifiesto el avance registrado de manera que, no sólo entienden lo que les acontece, sino que se incrementa el sentimiento de autoeficacia, que es una de las variables principales responsable de la mejoría terapéutica.

En el contrato conductual deben reflejarse el procedimiento que se llevará a cabo y las técnicas que se aplicarán.

FASE 2. SUPERACIÓN DEL DESEO Y DEL SÍNDROME DE ABSTINENCIA

El término "desintoxicación" hace referencia a la eliminación del organismo de sustancias nocivas (toxinas), que son la propia droga, o sus metabolitos. El organismo debe deshacerse de todos los restos del producto que le provoca tanto la toxicidad como la dependencia. Durante este proceso se manifiesta de forma singular una sintomatología aversiva, que es el *síndrome de abstinencia*. Obviamente, en las adicciones no tóxicas esta fase tiene particularidades que la distinguen de las drogodependencias, habida cuenta de que en este caso la adicción se caracteriza, por definición, en que la dependencia no es a sustancias tóxicas. No obstante, se trata de una fase en la que, al igual que en el caso de las drogodependencias, predomina un intenso malestar psicológico y psicofisiológico de abstinencia que se ha aprendido a resolver repitiendo la conducta adictiva. Así, y aunque no se trate de una desintoxicación *estricto sensu*, durante los primeros momentos de privación del juego el adicto siente una severa reacción desagradable manifestada con una sintomatología psicológica y psicofisiológica característica de los síndromes de abstinencia.

Los principales objetivos en esta fase serán los siguientes: a) eliminar dicho malestar, dotando a la persona de los recursos psicológicos pertinentes y b) proteger al jugador de las condiciones que favorecen la conducta adictiva en esta primera fase, en la que todavía no se tienen consolidadas las estrategias apropiadas para enfrentarse, ni los hábitos que impiden la reaparición de la conducta adictiva. Para cada uno de los objetivos pueden utilizarse diversas técnicas. Mostraremos las que consideramos más significativas, sabiendo que el terapeuta puede añadir otras, o modificar las que se exponen en función tanto de la gravedad de los síntomas, como de los recursos psicológicos de los que disponga el jugador.

1. Reducción del malestar

La privación provoca inicialmente un estado de malestar emocional, junto con deseos irrefrenables por jugar, todo lo cual constituye un claro síndrome de ansiedad, en muchos casos intensificado con un elevado arousal. Aparecen pensamientos recurrentes acerca de la necesidad de jugar para recuperar lo perdido, obnubilación, dificultad en concentración sobre tareas que requieren atención sostenida, etcétera. Se trata de un verdadero síndrome de abstinencia y, como tal, un estado emocionalmente desagradable. Para la reducción de dicho malestar se pueden utilizar diferentes procedimientos de intervención psicológica que podemos resumir en tres grandes tipos:

a. Técnicas de **distracción**.
b. Técnicas de **relajación** (larga en casa; breve/disimulada en contextos sociales).
c. Entrenamiento en **conductas alternativas o incompatibles** con el juego (excursiones, paseos por donde no haya posibilidad de jugar, reuniones sociales, actividades físicas o deportivas, etcétera).

Describimos a continuación dos procedimientos de relajación, larga y abreviada. El lector que esté interesado en conocer también otras técnicas de control mental y de respiración puede descargarse la información de http://www.uv.es/choliz.

INDICACIONES GENERALES PARA EL ENTRENAMIENTO EN RELAJACIÓN MUSCULAR

1. Debe seguirse siempre una secuencia ordenada y procurar que sea la misma en todas las ocasiones (comenzando por las manos y acabando por los pies, o viceversa)
2. No hay que preocuparse si se olvida algún músculo por tensar y relajar. En ese caso lo correcto es continuar con la relajación con el siguiente ejercicio que se recuerde. No obstante, para evitar los olvidos lo más adecuado es que hacer un repaso mental de los músculos antes de comenzar la relajación.
3. Debe tensarse durante 2 segundos aproximadamente y relajar el músculo dejándolo suelto, como si se separara de repente de los tendones que lo sujetan. Debe mantenerse el músculo relajado durante 15 segundos aproximadamente antes de tensar de nuevo.
4. Nunca debe forzarse excesivamente el músculo. Al tensar NO se pretende producir un alto nivel de contracción, sino facilitar la distensión. Si se tensa con demasiada fuerza puede ser perjudicial y producir molestias (hay que tener especial cuidado cuando se tensan los pies).
5. Al relajar, debe soltarse el músculo de repente, no hay que distenderlo lentamente pues ello requiere un control mayor de los músculos antagonistas.
6. Es útil imaginar en cada momento los músculos que está tensando y relajando, especialmente el músculo relajado y notar cómo se sigue distendiendo por sí mismo después de soltarlo
7. Es aconsejable concentrarse durante un tiempo en la agradable sensación de relajar cada músculo.
8. Una vez que han relajado todos los músculos hacer un repaso mental de ellos comenzando del final al principio de la secuencia facilita una autoexploración de las partes que no se ha logrado relajar convenientemente. En esta fase no es preciso tensar ningún músculo

---

Ejemplo de técnicas de relajación muscular
(larga y abreviada)

---

a. Relajación larga (16 grupos musculares)
Grupos musculares implicados
1. Mano y antebrazo dominantes
2. Bíceps dominante
3. Mano y antebrazo no dominantes
4. Bíceps no dominante
5. Frente
6. Parte superior de las mejillas y nariz
7. Parte inferior de las mejillas y mandíbulas
8. Cuello y garganta
9. Pecho, hombros y parte superior de la espalda
10. Región abdominal o estomacal
11. Muslo dominante
12. Pantorrilla dominante
13. Pie dominante
14. Muslo no dominante
15. Pantorrilla no dominante
16. Pie no dominante

DESCRIPCIÓN DE LOS EJERCICIOS

1 y 3.- Apretar el puño, contrayendo mano, muñeca y antebrazo.
2 y 4.- Contraer el bíceps empujando el codo contra el respaldo del sillón o c ontra el colchón.
5. Frente: elevar las cejas o arrugar la frente
6. Parte superior cara y nariz: arrugar la nariz y los labios
7. Parte inferior de la cara y mandíbulas: apretar los dientes y hacer una sonrisa forzada tirando de la comisura de los labios hacia afuera.
8. Pecho y garganta: empujar la barbilla como hacia abajo como si quisiera que tocara el pecho, pero al mismo tiempo

hacer fuerza para que no lo consiga, es decir, contraponer los músculos frontales y posteriores del cuello.

9. Hombros y espalda: inspirar y arquear la espalda como si quisiera unir los omoplatos entre sí.

10.- Abdomen: poner el estómago duro y tenso, como si quisiera contrarrestar un fuerte golpe.

11 y 14.- Piernas: colocar la pierna estirada y subirla hacia arriba 20 cms, tensando y haciendo fuerza como si tuviera un peso en el pie, que debiera sujetar a una altura de 20 cms. Para relajar soltar la pierna y que caiga a peso.

12, 13, 15 y 16. Ejercicios de pantorrilla y pie. Existen dos movimientos:

a) Estirar la pierna y la punta de los dedos como si quisiera tocar un objeto delante

b) Doblar los dedos hacia atrás como si quisiera tocarse la rodilla con ellos.

b. Relajación abreviada (cuatro grupos musculares)

Consiste en el mismo procedimiento que el anterior, pero agrupando en las siguientes partes del cuerpo:

a) Brazos y manos

b) Cara y cuello

c) Tronco (al mismo tiempo que se inspira)

d) Piernas y pies

Este procedimiento acorta la relajación a menos de 10 minutos, lo cual es interesante para poder aplicarlo en situaciones concretas. La eficacia de este procedimiento es mayor si previamente se ha entrenado la relajación larga y se ha condicionado claves interoceptivas y mentales al estado de relajación

2. Protección de situaciones que induzcan al juego.

El juego, como cualquier otra adicción, se produce en unas circunstancias concretas, a pesar de lo cual éstas pueden ser múltiples y extraordinariamente diversas. Existen estímulos característicos relacionados con el juego, así como antecedentes que preceden a esta conducta. Dichos eventos (externos e internos) asociados con la actividad de juego se convierten en estímulos condicionados y estímulos discriminativos que inducen a jugar. La presencia de máquinas tragaperras en los bares y ver cómo otras personas están jugando es un poderoso estímulo que incita a echar monedas a la máquina. Pasar por delante de la puerta del bingo o del bar donde juega habitualmente a las cartas, incluso tomarse un carajillo asociado con las partidas de naipes provocan un deseo irresistible de jugar.

Es por ello que durante las primeras semanas, en tanto se entrena en las técnicas de reducción del malestar que provoca la privación, es imperativo evitar las situaciones que favorecen o inducen el juego. Las técnicas de control de estímulo se basan, precisamente, en evitar las situaciones en las que estén presentes los estímulos condicionados y discriminativos que inducen a jugar. Hay que tener en cuenta que se trata de una situación temporal, puesto que lo que se pretende finalmente con el tratamiento es que las personas puedan llevar una vida normal, que por cierto está llena eventos que incitan al juego (máquinas en los bares, establecimientos de lotería, vendedores ambulantes de la ONCE, publicidad que llega a resultar agobiante y hortera, sorteos diarios en los informativos, etcétera).

Inicialmente el control de estímulo debe ser muy restrictivo, debido a que durante los primeros días de abstinencia es cuando se suele presentar una sintomatología más severa. Conforme avanza el proceso terapéutico deben relajarse las estrictas condiciones iniciales, hasta que el control de estímulo desaparezca totalmente durante las fases intermedias del tratamiento.

Un ejemplo de control de estímulo podría ser el siguiente:

a. Control de estímulo absoluto (durante las primeras semanas):

- Impedir acudir a los lugares donde juega: bares, restaurantes, locales de bingo, casinos, salas de juego, etcétera. Determinar dichos lugares según la información obtenida del autorregistro y entrevista inicial.
- Buscar rutas alternativas, tanto en los paseos como en los circuitos habituales (del trabajo a casa, por ejemplo), de manera que se evite pasar al lado de los locales donde se juega.
- Autodenunciarse a la Policía con la finalidad de que no se le permita entrar en salas de bingo, ni casinos en todo el territorio nacional (ver modelo de solicitud más adelante).
- Eliminar tarjetas de crédito, titularidad de las cuentas bancarias y cualquier otro elemento que le permita obtener dinero en metálico fácilmente. Conviene en este caso explicitar claramente las condiciones en el contrato conductual (qué se le va a retirar, durante cuánto tiempo, cuáles son las condiciones concretas para recuperar la disponibilidad de dinero, cuánto dinero se puede recuperar, etcétera).
- No llevar dinero, excepto el de bolsillo requerido para utilizar transporte público y gastos mínimos imprescindibles.
- Buscar ayuda de coterapeutas (familiares, amigos, personas allegadas, etc.) que le acompañen en las situaciones de riesgo, para impedir que juegue.

b. Reducción gradual del control de estímulo.

Conforme avanza el tratamiento el malestar provocado por el síndrome de abstinencia va siendo menor y el jugador ya dispone de más recursos para enfrentarse a las situaciones en las que están presentes los juegos. Se procede entonces a rebajar paulatinamente el control de estímulo. Progresivamente, los coterapeutas pueden dejar de acompañarle: el jugador puede pasear por calles donde haya salas de juego, aunque sea por la acera de enfrente; puede disponer de algo más de dinero de bolsillo o incluso de alguna cuenta bancaria con poco dinero, etcétera. Este proceso de reducción del control de estímulo debe ser gradual, similar a un procedimiento de *moldeamiento* (Sulzer-Azaroff y

Mayer, 1990) y cada paso debe darse después de que haya habido un tiempo razonable de ausencia de juego. Se pretende en todo momento evitar la recaída.

MINISTERIO
DEL INTERIOR

SECRETARÍA GENERAL TÉCNICA

SUBDIRECCIÓN GENERAL DE
ESTUDIOS Y RELACIONES
INSTITUCIONALES

D / Dª ....,

CON DNI / PASAPORTE / TARJETA DE RESIDENCIA ....,

cuya fotocopia adjunta

y cuyo domicilio a efectos de notificaciones en ....

calle ....,

Distrito Postal ....,

SOLICITA (marque con una cruz)

☐ Prohibición de acceso a establecimientos de juego en todo el territorio nacional

☐ Anulación de la prohibición

*Formulario de solicitud de Alta/Baja
en el Registro de Prohibidos*

FASE 3. CAMBIOS CONDUCTUALES Y ACTITUDINALES

La superación del síndrome de abstinencia, al igual que la desintoxicación en el caso de las drogodependencias, no supone en absoluto la finalización del tratamiento. Sólo es un primer paso en la superación del problema, aunque puede que sea la etapa más dura, ya que el síndrome de abstinencia suele ser especialmente intenso en los primeros momentos. Pero las conductas adictivas consisten en un complejo repertorio de hábitos conductuales, estímulos condicionados y antecedentes, consecuencias del comportamiento, así como de cogniciones, reacciones afectivas y fisiológicas asociadas que en absoluto desaparecen después de las tres primeras semanas de abstinencia, momento en el cual ha desaparecido gran parte de las toxinas de las drogas, o el deseo primario en el caso de las adicciones no tóxicas.

A partir de este momento debe comenzar lo que en la terminología propia de drogodependencias se suele denominar "deshabituación", aunque el término correcto sería "descondicionamiento" [13]. En cualquier caso, el objetivo principal de esta etapa es modificar la conducta adictiva, que no consiste sino en patrones conductuales firmemente establecidos y sustituirla por otra forma de comportarse más adaptativa, funcional y saludable. Para ello es necesario previamente **extinguir** las respuestas condicionadas que provocan los síntomas desagradables del síndrome de abstinencia, eliminando la asociación entre estímulos condicionados y estímulos discriminativos con las conductas adictivas. Al igual que ocurre en el tratamiento de drogodependencias, la superación de la etapa de desintoxicación debe seguirse de la eliminación del condicionamiento que se había establecido entre determinadas situaciones y el consumo de drogas. Dichas situaciones provocaban reacciones de abstinencia condicionadas, idénticas a las que se elicitaban inicialmente cuando pasa un tiempo sin consumir, pero que no son debido a la privación de la droga, sino a la presentación de estímulos condicionados que provocan respuestas condicionadas compensatorias (Siegel, 1975, 1984; Siegel, Hinson, Krank y McCully, 1982). Ver (u oir) una máquina de premio, tomar alcohol, discutir con algún familiar o quedar con compañeros de juego son situaciones que pueden provocar un síndrome de abstinencia condicionado, a pesar de que se lleve varias semanas sin jugar. Para evitar que aparezca dicha RC, o que se repita la operante, es imprescindible **descondicionar** los antecendentes y las consecuencias de la conducta de juego.

---

[13] La deshabituación es la recuperación de una conducta que se había reducido o había desaparecido por habituación y dicha reaparición se debe a la presentación de un estímulo intenso (Domjam, 2003). No obstante, en la literatura en adicciones se utiliza generalmente el término deshabituación para hacer referencia a lo que en rigor, según la terminología de psicología del aprendizaje se denomina descondicionamiento.

Así pues, los principales objetivos de esta fase son varios: a) descondicionar los estímulos asociados a la adicción, que son los principales responsables de las posteriores recaídas, b) procurar un estilo de vida saludable diferente (a ser posible incompatible) con la conducta adictiva y c) modificar las distorsiones y errores cognitivos que se tienen acerca de la adicción al juego.

1. Descondicionamiento

Las conductas adictivas suelen ser estereotipadas. Una secuencia característica puede ser la siguiente: 1) aparece fugazmente una idea relacionada con deudas, pérdidas de dinero en el juego o, simplemente, el pensamiento de jugar a la máquina; 2) se marcha de casa y se acude al bar, "sólo a echar unas monedas" ("si no gano en cuatro tiradas la dejo y me voy"); 3) comienza echando unas cuantas y finaliza perdiendo mucho más dinero del que se había propuesto. El resto ya se puede suponer: culpabilidad por haber jugado de nuevo, a pesar de haberse propuesto dejar de hacerlo, discusiones familiares, agravamiento de la situación financiera, pérdida de autoestima y confianza en sí mismo, etcétera.

Pensamientos, estados de ánimo, sonidos y luces de la máquina, alcohol, dinero en el bolsillo, otros jugadores y un largo etcétera son estímulos que se asocian entre sí y con el juego. Es lo que se conoce como *encadenamiento* (Sulzer-Azaroff y Mayer, 1990). El jugador, como el heroinómano, se comporta de forma estereotipada. Como hemos detallado anteriormente, las conductas adictivas son y altamente ritualizadas. Los estímulos (ya sean físicos, cognitivos, fisiológicos, o afectivos) se asocian con las conductas de juego de una forma tan consistente que, una vez que se encuentran presentes, el jugar se hace ineludible.

Es posible superar los síntomas iniciales de la abstinencia, al igual que desaparecen los de cualquier droga después de la desintoxicación. Pero los estímulos asociados a la conducta adictiva permanecen durante mucho más tiempo, especialmente si no se llevan a cabo los procedimientos específicos de descondicionamiento. Si se pretende eliminar comportamientos adquiridos por aprendizaje (y las conductas adictivas son conductas aprendidas) debemos proceder a técnicas concretas de descondicionamiento.

La fórmula más simple de eliminar una conducta es mediante *extinción* (Pierce y Epling, 1995), es decir, dejando de asociar EC con EI en el caso de condicionamiento clásico, o la conducta con sus contingencias, en el caso del operante. En el condicionamiento respondiente, la RC desaparece lenta, pero eficazmente. No es el caso del condicionamiento instrumental, en el cual puede aparecer el característico "tren de respuestas" de la extinción en los programas de reforzamiento parcial, lo cual que puede dificultar enormemente el proceso de extinción. Otras formas de reducción de conducta mediante descondicionamiento se basan en contracondicionamiento, es decir, en asociar el EC con otros estímulos que provoquen una respuesta contraria tan intensa (o más) que la abstinencia condicionada.

A continuación describimos la fórmula más utilizada de descondicionamiento en adicción al juego, que se basa en la *extinción de la RC*.

a. **Exposición gradual con prevención de respuesta** (Echeburúa y Báez, 1994). Mantenemos esta definición porque se ha convertido en una técnica bastante conocida en el tratamiento del juego patológico, si bien podríamos designarla en términos técnicos de condicionamiento como **extinción de la RC mediante moldeamiento**. El objetivo principal es eliminar, mediante extinción, la RC de abstinencia que provocan los EC asociados al juego. Como en cualquier procedimiento de extinción, la fórmula consiste en presentar el EC (presencia de máquinas con todos los elementos y situaciones características) en ausencia del EI (jugar a la máquina) que, al mismo tiempo, es la operante. El principio que subyace es que para descondicionar no basta con desintoxicar o superar el síndrome de abstinencia, sino que es preciso exponer a la situación que provoca dicha abstinencia, pero asegurándose de que no se consume la sustancia, ni se ejecuta la conducta adictiva ("exposición y prevención de respuesta"). Para asegurar la eficacia, lo más apropiado es comenzar el proceso de extinción con EC's que provoquen una pequeña RC (en el caso de adicción a sustancias), o asegurarse de que no se ejecutará la conducta adictiva (que suele ser lo común en el juego). Así pues, el procedimiento puede definirse como exposición gradual (**moldeamiento**) con prevención de respuesta (**extinción**).

Un ejemplo característico de extinción como hemos explicado podría ser el siguiente:

- Acudir al bar acompañado de un coterapeuta que le impide jugar. Permanecer en el establecimiento al menos durante media hora sin jugar, aunque puede consumirse alguna bebida. Esperar a que se reduzca la ansiedad o el deseo y marcharse.

- Después de repetir el paso anterior durante varios días, acudir a un establecimiento acompañado de un coterapeuta, que se quedará fuera del bar o alejado de él. Esperar a que desaparezca la ansiedad o el deseo y posteriormente marcharse.

- Acudir solo a un bar, pero con la posibilidad de llamar al coterapeuta si fuera necesario. Es útil haber comunicado al dueño del establecimiento el hecho de que se está dejando de jugar, como medida de control externo.

- Acudir solo y sin ayuda de nadie. Estar durante un tiempo delante de la máquina sin jugar. Cuando se encuentre tranquilo, marcharse.

Durante este proceso puede ser conveniente, o el justo para tomar una consumición (por compensar la pérdida de ingresos del bar al no echar dinero a la máquina). En los primeros días puede facilitar el autocontrol gastar inmediatamente el dinero en la barra. Posteriormente sería conveniente llevar más dinero, esperar un tiempo a consumir y no gastarlo todo, como forma de descondicione el hecho de tener dinero con el deseo de jugar.

Como hemos indicado, al ser la operante (el juego) la que alivia el malestar de la abstinencia, este procedimiento no consiste únicamente en la extinción de una RC. El hecho de que el síndrome de abstinencia se evite o se alivie volviendo a jugar significa que la reducción del mismo refuerza negativamente la conducta del juego. Así pues, el impedir jugar también es un procedimiento de **extinción operante**, al impedir la relación de contingencia entre reforzador negativo y la conducta de juego. Quizá esto sea uno de los factores que resultan más insoportables para el jugador, ya que el reforzamiento negativo suele ser más resistente a la extinción que las recompensas o refuerzos positivos.

b. Contracondicionamiento. Como hemos indicado anteriormente, otro de los procedimientos que puede resultar útil para reducir la RC se basa en contracondicionamiento, es decir, en la presentación de un EC intenso (o un EI) que provoque una respuesta contraria a la RC de abstinencia que inducen los EC asociados al juego (McConaghy, Blaszcynsky y Frankova, 1991). Con ello se pretende también eliminar o hacer desaparecer la abstinencia condicionada. El procedimiento más común ha sido muy parecido a la *desensibilización sistemática* que se utiliza en el tratamiento de la ansiedad. En este caso la jerarquía de situaciones ansiógenas serían las diferentes situaciones de juego. Como en cualquier procedimiento de este estilo, conviene establecer una jerarquía de al menos 20 situaciones diferentes de juego, cada una de ellas valorada con el grado de deseo o síntomas de abstinencia que le provoca según una escala de 0 a 100 y con una distancia entre cada una de ellas similar (de cinco puntos, por ejemplo). Las primeras secuencias de la escala (las que provocan menores síntomas de abstinencia) pueden distanciarse más, ya que son más fáciles de superar que las últimas de la jerarquía (las de valores superiores a 70).

La jerarquía debe realizarse conjuntamente por el jugador y el terapeuta, comenzando por la situación que más ansiedad le provoca, por ejemplo *"estar cerca de una máquina con dinero en el bolsillo y tener la certeza de que la máquina está a punto de sacar el premio principal, mientras otra persona está echando, pero se encuentra a punto de dejarlo"*. A esta situación, que todavía podemos acentuar más la tensión indicando que ha bebido algo de alcohol, que se mete las manos en los bolsillos y nota las monedas, etcétera, se le da una puntuación de 100. A la situación que menos deseo le provoca, por ejemplo hablar del hecho de que las máquinas tragaperras se encuentran en todos los bares, la valoramos con 0. A partir de ahí se indican una serie de situaciones, lo más extensa y variada posible, añadiendo elementos que hagan progresivamente más ansiógena la situación, hasta llegar a la situación final. Cada una de las situaciones se valora con una puntuación, intentando que las diferentes situaciones vayan incrementando progresivamente su nivel de ansiedad de forma paulatina y progresiva (de cinco en cinco, por ejemplo). Parte de esta tarea la puede realizar el jugador en casa y finalmente la secuencia se define junto con el terapeuta en la siguiente sesión. Una vez establecida la jerarquía se procede a presentar cada una de las secuencias asociándolas con una situación que provoque una respuesta contraria, generalmente un estado de relajación como el que hemos descrito anteriormente. Se exponen cada una de las situaciones que conforman la jerarquía en orden creciente y se mantiene la exposición hasta que desaparece la ansiedad que provoca gracias al contracondicionamiento con un estado de calma.. El procedimiento se lleva a cabo durante varias sesiones, en cada una de las cuales se van desensibilizando varias secuencias de forma sucesiva. Al principio se realiza de forma de forma imaginada, pero posteriormente pueden presentarse estímulos audiovisuales y finalmente exposición real de una situación de juego con la presencia de un coterapeuta.

Como puede observarse se trata de un procedimiento similar a la desensibilización sistemática (DS) utilizada como contracondicionamiento en los trastornos de ansiedad, especialmente fobias. En este sentido, la DS se utiliza para reducir uno de los síntomas principales de la abstinencia al juego, que es el grado de tensión que provoca la privación del mismo, especialmente si uno espera conseguir el premio jugando. No obstante, la adicción al juego no es simplemente un problema de ansiedad, entre otras razones porque no se evita la situación ansiógena, como sí que ocurre en trastornos como agorafobia, fobia social, fobia simple, o incluso crisis de angustia. Lo que suele ocurrir, especialmente en el juego de máquinas tipo "B", es que la situación provoca un grado de activación muy elevado que se resuelve precisamente jugando (no evita la situación). Finalmente, como hemos señalado anteriormente, el juego se mantendría por reforzamiento negativo, al reducirse momentáneamente la tensión.

Todas estas características diferenciales entre conducta de juego y problemas de ansiedad explican el que este tratamiento esté menos indicado específicamente para la adicción al juego que el que hemos expuesto antes, basado en extinción con moldeamiento. No obstante, es un procedimiento que conviene tenerlo en cuenta cuando el síntoma principal sea la ansiedad y utilizarlo de forma complementaria a la extinción de la operante, tal y como hemos descrito anteriormente.

2. Modificación de las distorsiones cognitivas

Hace décadas que se ha demostrado que pensamiento humano y la toma de decisiones no son procesos estrictamente racionales (Tverski y Kahneman, 1981). No utilizamos toda la información disponible (que es inmensa) ni la tratamos de una forma exclusivamente lógica, ya que la información adquiere connotaciones afectivas, valoramos y ponderamos la relevancia de los distintos estímulos, etcétera. Además, solemos utilizar atajos y heurísticos que nos ahorran tiempo y recursos.

Este procesamiento de la información suele ser útil y adaptativo para interactuar en las situaciones cotidianas. Es más, en la mayoría de las ocasiones es la única forma posible de reaccionar apropiadamente en un entorno tan complejo y con tanta información, como es el humano.

Pero a veces esta forma de procesar la información provoca distorsiones que llegar a ser funcionalmente desadaptativas. En el caso concreto de los juegos de azar, que están basados en las leyes de la probabilidad, éstos suelen tener características estructurales que facilitan la comisión de errores en la percepción de la aparición de los eventos. Dichos sesgos inducen a seguir jugando a pesar de las pérdidas. Perturban la capacidad de estimación de la probabilidad e incluso sirven para justificar una conducta a todas luces perturbadora personalmente e incomprensible a los ojos de los demás, especialmente si se trata de familiares a quienes se está arruinando.

Hemos destacado algunas de las distorsiones cognitivas más características que aparecen en la adicción al juego (heurísticos de representatividad, familiaridad o disponibilidad, ratificación del sesgo, pensamiento mágico, etcétera). La modificación de estos sesgos requiere en muchos casos de entrenamiento cognitivo (Ladouceur et al., 2002) que hay que adecuar a las capacidades cognoscitivas, intereses, e incluso fases del tratamiento, ya que es más sencillo convencer y demostrarlos cuando se tienen recursos conductuales alternativos al juego, que en los primeros momentos, en los que la única solución que ve posible el jugador es la de seguir apostando.

Algunas de las cuestiones esenciales que es preciso intervenir tanto en la terapia cognitiva como en los programas de prevención de la adicción al juego son las siguientes:

a. **Información** sobre cómo está **organizado** el juego en España. El juego es una actividad extraordinariamente lucrativa para quienes lo gestionan (Estado, Comunidades Autónomas, empresas del sector). En el año 2007 los españoles **perdieron** en los juegos legales de azar 10.725 millones de euros. Enfatizo la palabra **pierden**, porque es la cantidad que no recuperan después de haber jugado y que se reparten las diferentes instituciones, administraciones, empresas y personas que viven del juego (de los demás). Conviene informar incluso de cuestiones históricas para hacer ver que los juegos de azar están diseñados y organizados explícitamente para recaudar, por lo que es ingenuo pretender enriquecerse jugando o incluso recuperar mediante el juego las pérdidas que se han producido por el mismo.

b. **Información** de las **características que favorecen el juego**. Los juegos están diseñados para favorecer el abuso. En realidad reparten muchos premios aunque siempre menos de lo recaudado. Las máquinas tipo "B" devuelven aproximadamente el 75%

del dinero que se integra[14]; los juegos de casino mucho más. Y es que, si no se obtuvieran ganancias, nadie jugaría. Precisamente, el problema más grave que puede tener alguien que juega por primera vez es conseguir un buen premio. Por poner otro ejemplo, la lotería reparte muchísimos premios poco importantes, como los reintegros, que normalmente vuelven a "reintegrarse", en un nuevo boleto de lotería. Y esta vez ya no suelen retornar.

- Información de las **estrategias publicitarias** del juego. Diariamente aparecen en los informativos "los números de la suerte" o nos venden las bondades y beneficios de loterías y demás sorteos. Si ya somos poco precisos en el cálculo de probabilidades, lo único que nos faltaba es que se favorezca la aparición de sesgos mediante estrategias de publicidad. La publicidad falsea la probabilidad percibida de ganar y magnifica la relevancia del premio. Además, cuanto mayor es el premio, la gente está dispuesta a llevar a cabo conductas con menor probabilidad de éxito o a gastar más dinero. Con ello lo que se consigue es recaudar más todavía. En otros casos, cuanto mayor es el premio, más personas están dispuestas a jugar, con lo cual se reduce la probabilidad de que toque. No obstante, la información de que alguien ha conseguido un premio tan cuantioso mantiene el interés del juego a pesar de la reducción de la probabilidad.

- Conocimientos de **probabilidad**. Bien saben los políticos que, en los referendos, según como se plantee la pregunta se condiciona la respuesta. De igual manera, las características físicas del juego pueden modificar la probabilidad percibida sobre la aparición del evento. Conviene informar acerca de

14 El porcentaje de dinero que devuelven las máquinas tragaperras oscila entre el 70% y 75%, dependiendo de la comunidad autónoma en la que se encuentren. Dicho porcentaje, así como algunas de las principales características técnicas de las mismas están reguladas mediante reglamentos específicos. Es importante recalcarlo porque dichos reglamentos están elaborados por comisiones técnicas y aprobados por nuestros representantes políticos, que son los que velan por la salud y bienestar de los ciudadanos y quienes deben saber que la modificación de los parámetros de los juegos para que lo hagan menos atractivo es el mejor procedimiento de prevención primaria de la adicción al juego   ;-)

la probabilidad real de acertar en la apuesta (1 entre 15 millones en el caso del *"cuponazo"* de la ONCE, por ejemplo) e incluso traducir las cifras a situaciones que sea más fácil entender. Así, en este ejemplo concreto, si dieran un papel a todos los españoles, sólo les tocaría a tres. Puede ser útil incluso realizar un montaje visual en el que aparecieran 44 millones de personas: una imagen de una multitud enorme e ir desplazándola como si se filmara con una cámara hasta que hayan abarcado a todos. Se reparten entre todos tres boletos. *"¿De verdad piensas que te va a tocar a ti?"*.

* **Valores materialistas**. Nuestra globalizada sociedad se mueve en torno al dinero, que ha adquirido un valor extraordinariamente importante. Pero no sólo se magnifica el valor del dinero (que decididamente no nos da la felicidad a quienes tenemos cubiertas dignamente nuestras necesidades básicas) sino que se admira la *obtención del dinero fácil* (bolsa, actividades financieras o inmobiliarias especulativas, etcétera). Resulta patético observar cómo después de destaparse auténticos "pelotazos" (generalmente urbanísticos) los políticos implicados, lejos de ser castigados, todavía renuevan mayorías en las elecciones. El dinero es importante, pero la rentabilidad (sacar mucho con poco esfuerzo) es superior y deseable. En esta tesitura, el juego de azar se percibe como una manera de ganar dinero fácil. Pero en realidad es la forma más sencilla de perderlo.

3. Entrenamiento en conductas alternativas

Cualquier tratamiento en dependencias pretende establecer un estilo de vida alternativo al que se ha producido como consecuencia del abuso de la conducta adictiva. La adicción supone la repetición de un comportamiento que no sólo tiene consecuencias perniciosas sobre uno mismo, sino que, al mismo tiempo, reduce la probabilidad de llevar a cabo otras conductas que sí que pueden ser útiles o adaptativas. Esto se debe en muchos casos al hecho de que normalmente las conductas adictivas suelen ser incompatibles con los hábitos de vida saludables, pero en otros es simplemente porque la ejecución de la conducta de forma reiterada no da opción a llevar a cabo otras formas de comportamiento, con lo cual dejan de formar parte del repertorio conductual simplemente por desuso. El tratamiento debe favorecer la adquisición o recuperación de conductas funcionales, que son las que ocuparán el tiempo en el momento en el que ya no se juegue y que en algunos casos pueden ayudar a resolver los problemas que ha provocado el juego.

Los principales recursos psicológicos son las siguientes:

a. Habilidades sociales. Se suele comenzar a jugar como una forma de entablar y mantener relaciones sociales (ir al bingo con las amistades después de cenar, jugar con la familia o compañeros del trabajo a la Primitiva, compartir décimos de lotería con otras personas, etcétera) para finalizar jugando solo (incluso en soledad). Los jugadores pierden la capacidad para relacionarse con otras personas, a las cuales ven a partir de ese momento como potenciales competidores. El juego se convierte en la principal obsesión y obstaculiza el establecimiento y mantenimiento de las relaciones sociales. Sin embargo, manejarse apropiadamente en las relaciones interpersonales es fundamental para el propio ajuste psicológico (Kelly, 1987) y, desde luego, esencial para superar problemas como el del juego. Saber decir "no" adecuadamente, saber comunicar a los demás el estado de ánimo, aprender a recibir ayuda (y a prestarla), y un largo etcétera de competencias son las que se entrenan en los programas de habilidades sociales y que sin duda pueden ser de utilidad para el jugador.

b. Resolución de problemas. Como hemos comentado al principio, los juegos de azar están diseñados con un objetivo eminentemente recaudatorio[15], de manera que el abuso del juego conduce casi indefectiblemente a pérdidas económicas. El círculo adictivo se cierra cuando se juega para recuperar las pérdidas (lo que se conoce como "caza"). Los jugadores pierden dinero y

---

15 Incluso los sorteos benéficos tienen como misión recaudar dinero, aunque en esta ocasión no con una finalidad lucrativa, sino prosocial

deben recurrir a préstamos de los familiares, amigos, prestamistas o entidades financieras. Las deudas convierten la situación en insostenible y la única solución que encuentra el adicto para resolver su problema (y el único recurso personal que le queda) es volver a jugar, lo cual todavía agrava más sus problemas. Es preciso entrenar en resolver los problemas que genera el juego (y también otros personalmente importantes) sin que tenga la "necesidad" de acudir a las máquinas tragaperras o al casino, porque en las fases avanzadas de la adicción el jugador se vuelve incapaz de resolver las situaciones problemáticas, especialmente las relacionadas con el juego.

El entrenamiento en resolución de problemas sigue los siguientes pasos (Sank y Shaffer, 1993): 1) identificación del problema, 2) formulación de metas, 3) generación de alternativas, 4) evaluación de las alternativas, 5) toma de decisiones, 6) verificación, 7) preparación para la implementación y 8) implementación y resultado.

c. **Promover conductas placenteras y adaptativas.** El juego de azar pretende la obtención de un refuerzo positivo generalizado tan relevante como es el dinero pero, además, en algunos casos también está asociado a actividades lúdicas, como el pasar el tiempo con las amistades, la organización de grupos y peñas de juego, el disfrute de momentos de asueto, etcétera. Con el juego también se pretende divertirse, aunque esto sólo ocurre en las fases iniciales de la adicción. Por lo tanto, algunas de las alternativas que se le presenten al ludópata para modificar su estilo de vida también deben cumplir la función lúdica que tiene el juego, máxime cuando estas actividades resulten incompatibles con las de apuesta. Se deben, promover conductas que tengan una finalidad lúdica y que sean placenteras, tales como aficiones o *hobbies*.

Forma parte de la terapia fomentar la realización de estas actividades, tanto en lo que hace referencia a la propuesta de las mismas, como a la facilitación para que las lleven a cabo, o al control de su ejecución.

A continuación indicamos algunos requisitos que hay que tener en cuenta:

- Elaborar un listado de actividades atractivas, preferiblemente incompatibles con el juego.
- Ordenarlas por interés y viabilidad.
- Seleccionar las más apropiadas.
- Establecer un horario especificando el momento en que se llevarán a cabo, lugar y duración.
- Asegurarse de que en el listado de actividades diarias no hay opción para el juego.
- Llevar un autorregistro de las actividades.
- Establecer un programa de contingencias, si es preciso.

Como ejemplo de algunas de las actividades que pueden fomentarse podríamos destacar las siguientes: realización de actividad física o deportiva, colaboración con entidades o asociaciones afines ideológicamente, desarrollo o recuperación de *hobbies* o actividades de ocio, implicación en actividades familiares o domésticas, participación en grupos de autoayuda, etcétera.

El entrenamiento en habilidades sociales, resolución de problemas y promoción de actividades alternativas placenteras son procedimientos complementarios al tratamiento ineludible de descondicionamiento, que podemos considerar como la terapia específica de la adicción al juego y que hemos descrio anteriormente. Ello no quiere decir que sean irrelevantes, puesto que una máxima del análisis experimental de la conducta (Millenson, 1974) es que cuando se pretende eliminar una conducta (como en nuestro caso es el juego de azar) lo más eficaz es combinar las técnicas de reducción de conductas con el refuerzo de las alternativas.

El entrenamiento en conductas alternativas, así como la adquisición de habilidades sociales y entrenamiento en solución de problemas se llevan a cabo mediante técnicas que pueden implementarse fácilmente en grupos, de manera que, en la práctica, suelen complementar al tratamiento individual de descondicionamiento.

El tratamiento en grupo es habitual en la intervención en psicoterapia (Lieberman, 1987) y drogodependencias (Graña, 1994) y, por supuesto, en el juego. No sólo sirve para optimizar los recursos profesionales, sino que el entorno grupal favorece el modelado y es una oportunidad de poner en práctica las habilidades que se están adquiriendo. Además, en el caso concreto de las conductas adictivas, el tratamiento en grupo es el único que suministran determinadas asociaciones organizadas en grupos de autoayuda siguiendo el modelo de las asociaciones de ex-alcohólicos.

El tratamiento en grupo tiene una serie de características que lo hacen especialmente deseable e indicado para el tratamiento de la adicción al juego. Algunas de las más relevantes son las siguientes:

o Suministra **información** y **experiencias** personales. Las técnicas de trabajo en grupo ofrecen la posibilidad de presentar información de forma atractiva y en las cuales los participantes pueden desempeñar un papel activo. Existen numerosas técnicas apropiadas para pequeños grupos con las cuales pueden discutirse temas relevantes sobre el juego, tales como la forma como está organizado a nivel social, la problemática personal del jugador, las consecuencias sobre la familia y amistades, etcétera. Además, comoquiera que los participantes tienen problemáticas similares, afloran ejemplos de experiencias personales que suelen ser ilustrativas y que tienen un impacto afectivo mayor que la mera información.

o Facilita el cambio de **actitudes** y **valores**. El grupo favorece no sólo la transmisión de información, sino que es una fórmula extraordinariamente eficaz para el cambio de actitudes e incluso de valores. Sea por la presión social, por la comunicación de experiencias personales o por los vínculos que se establecen, el grupo es idóneo para provocar este cambio necesario (aunque no suficiente), tal y como se ha puesto de manifiesto en algunos grupos de autoayuda [16].

---

[16] Algunos grupos de autoayuda (especialmente los "anónimos") eluden la ayuda profesional en sus reuniones, limitándose a compartir experiencias y suministrar apoyo social o emocional por parte de los miembros que lo conforman.

o Provee de **modelos**. Desde que Albert Bandura estableciera las dimensiones características del aprendizaje vicario, éste se ha demostrado eficaz para el cambio conductual en numerosos ámbitos de la intervención psicológica. En este sentido, el grupo ofrece la oportunidad de conocer otras personas y experiencias similares a la del jugador, incluso en algunos casos que han superado estados de indefensión y desesperanza. También resulta beneficioso para quien ya ha conseguido superar la adicción (o está en proceso de lograrlo), por cuanto que motiva para continuar con el esfuerzo que supone el tratamiento de la adicción para demostrar a los demás los avances que ha obtenido. El compromiso adquirido en la participación en el grupo, así como la mejora de la autoestima por haber superado situaciones adversas son factores muy importantes en la motivación necesaria para mantener la abstinencia y prevenir recaídas.

o Suministra **apoyo social** y **emocional**. En muchos casos, la eficacia de los grupos de autoayuda se basa en el apoyo que el grupo suministra a los participantes, así como del control conductual que ejerce sobre los mismos. Los jugadores han echado a perder relaciones sociales, amistades e incluso la propia familia. Aunque no suele ser suficiente para solucionar el problema, ya que se requiere del entrenamiento en técnicas específicas basadas en el descondicionamiento, este apoyo también es fundamental en la motivación para el cambio.

Así pues, resulta conveniente programar sesiones de grupo paralelamente al tratamiento individual de descondicionamiento, en las cuales se incida especialmente en el desarrollo de conductas alternativas, habilidades sociales y resolución de problemas. Dichas sesiones pueden llevarse a cabo al mismo tiempo que las sesiones individuales otro día de la semana.

Es importante destacar que se trata de intervención EN grupo, no DEL grupo, es decir, lo que interesa es utilizar los beneficios que aporta el grupo para intervenir específicamente en el tratamiento de la adicción al juego, no tanto como formar un grupo cohesionado ni de amigos, aunque siempre sea deseable mantener relaciones cordiales.

La intervención grupal en adicción al juego debe cumplir algunos requisitos, tales como los siguientes:

o Características del grupo. Preferentemente, el grupo estará formado por personas que no tengan patologías adicionales al problema de juego, especialmente psicopatologías. Podemos exceptuar los problemas derivados del consumo de alcohol y tabaco, ya que éstos suelen ser muy comunes, especialmente en el caso de máquinas tipo "B". En cuanto a la fase del ciclo adictivo en la que se encuentren, el grupo puede estar formado por personas que se encuentren en fases similares, aunque preferiblemente debería haber participantes en diferentes etapas, puesto que ya hemos indicado que es útil contar con jugadores que hayan superado los problemas iniciales y sirvan como modelo para los que inician la terapia.

o Función del terapeuta. El terapeuta no es un elemento pasivo, sino que es una figura fundamental en el tratamiento. Tal y como señala Graña (1994) las funciones principales que tiene el terapeuta son las siguientes: 1) establecer las normas y velar por que se cumplan, 2) seleccionar, orientar y preparar a los miembros, 3) hacer que las discusiones del grupo se centren en los temas indicados y que beneficien a todos los participantes, 4) promover y mantener la cohesión entre ellos, 5) favorecer un buen clima afectivo, 6) controlar a los que pueden perjudicar el funcionamiento del grupo y 7) educar sobre los aspectos fundamentales del consumo y abstinencia.

FASE 4. CONSOLIDACIÓN

Una vez reducida la conducta adictiva, superado el síndrome de abstinencia, descondicionados los estímulos y situaciones que provocaban abstinencia, convencido de la estupidez de pretender hacerse rico jugando, entrenado formas alternativas de conducta (adaptativas, lúdicas e incluso divertidas) y practicado técnicas para enfrentarse a problemas que nos provoca el juego, todavía no ha finalizado el tratamiento, ya que es preciso mantener y consolidar el estilo de vida adaptativo y eliminar la necesidad de jugar. No obstante, nos encontramos cerca de cumplir con el objetivo principal de la terapia.

En drogodependencias se considera que se ha superado la adicción cuando: a) se tiene el convencimiento de que ya no se va a volver a consumir y b) ni siquiera existe deseo de hacerlo (Velicer, Prochaska, Rossi y Snow, 1992). Se requiere además al menos dos años de abstinencia. Con todo, siempre es posible (a veces hasta probable) volver a consumir. En nuestro caso, volver a jugar.

1. Prevención de las recaídas

Las recaídas forman parte del proceso de cambio en las adicciones. Hasta hace unos años se las consideraba como ejemplo del fracaso terapéutico pero en la actualidad se entiende que, aunque no son en absoluto deseables, son estadísticamente frecuentes e incluso se cuenta con ellas como parte del proceso de cambio en adicciones (Prochaska y DiClemente, 1984). Es preciso prevenirlas para evitar que aparezcan pero, aún en el caso de que lleguen a ocurrir, ello no significa que el tratamiento no haya sido, en cierto modo, eficaz. De cualquier manera, cuando aparece una recaída hay que volver a poner en marcha, con más interés si cabe, todas las estrategias y recursos que facilitaron la abstinencia hasta que se produjo el desliz.

Es por todo esto por lo que es tan relevante la prevención de recaídas (Marlatt y Gordon, 1989; Marlatt y Donovan, 2005). A pesar de que algunos autores sustituyen el término recaída por el de "incumplimiento de propósitos", nosotros preferimos el término recaída por varios motivos. En primer lugar porque su uso está muy generalizado tanto en el ámbito científico, como en el profesional. En segundo lugar porque con este término se sabe a qué se hace referencia con él, ya que es menos ambiguo y más preciso en sus implicaciones. No obstante, el motivo principal es que el volver a llevar a cabo la conducta adictiva es algo más que un mero incumplimiento de propósitos. Como hemos visto tanto en el modelo explicativo de la adicción al juego como en el tratamiento del mismo, en el juego hay implicadas reacciones afectivas, procesos de deshabituación (en el término preciso de condicionamiento, es decir, recuperación de RC), recuperación de hábitos, aparición de distorsiones cognitivas, etcétera. Los propósitos son importantes, sin duda, en el proceso terapéutico pero, tal y como hemos podido constatar a lo largo de todo el libro, existen innumerables factores adicionales que afectan al proceso adictivo, además de ellos.

Algunas de las características más significativas de las recaídas son las siguientes:

a. Afectan a **cualquier dimensión** de la conducta adictiva. Hemos señalado que el juego consiste en una conducta estereotipada que se puede adquirir (y modificar) mediante encadenamiento. La recaída puede ocurrir en cualquier eslabón de la cadena, desencadenando el resto de conductas hasta la final, que es el juego.

b. Las recaídas son **posibles** (incluso **probables**). Son características del proceso adictivo. En la actualidad se entiende que la recaída puede formar parte incluso del propio proceso de cambio (Prochaska y DiClemente, 1984). Es decir, una recaída no significa que ya no haya nada que hacer, ni supone una demostración de que el adicto sea un enfermo y lo siga siendo para siempre, tal y como postulan algunas asociaciones de exjugadores[17]. Si el tratamiento ha sido apropiado y ha habido abstinencia de juego durante un periodo largo de tiempo hasta que se ha producido la recaída, lo que se ha demostrado es que el tratamiento ha sido parcialmente y ha tenido efecto durante todo ese tiempo. Por lo tanto, el jugador ya sabe qué es lo que tiene que hacer en este momento. Muy probablemente también se le habrá informado de la existencia de situaciones y momentos de riesgo como el que le ha favorecido la recaída. Es preciso poner en marcha de nuevo, con mayor insistencia si cabe, los recursos y estrategias

---

[17] Alcohólicos Anónimos mantiene en sus doce tradiciones y doce pasos, que son enfermos y siempre lo serán, negándose la posibilidad de volver a consumir. La concepción del alcoholismo, o el juego, como una enfermedad irremediable de la que no pueden salir sin la ayuda exterior (y superior) es un concepto que choca con la concepción actual del proceso adictivo que tiene la psicología científica.

adquiridos que ya mostraron su eficacia anteriormente, puesto que una recaída, por definición, significa que se vuelve a jugar después de un periodo de abstinencia. Es decir, que el jugador ha sido capaz de estar sin jugar durante un tiempo. ¿Dónde estaba la enfermedad entonces?

c. Pueden ocurrir después de un **tiempo de abstinencia variable**. Si bien el periodo crítico son los tres primeros meses, las recaídas pueden aparecer más tarde. Se estima que es preciso estar alerta durante al menos los dos primeros años, puesto que la adicción produjo hábitos conductuales fuertemente consolidados, además de que en nuestra sociedad existe una enorme presión social y cultural para el juego que no va a desaparecer.

d. Pueden aparecer por **causas diferentes** a la privación del juego. El síndrome de abstinencia se produce no sólo por la privación del juego, especialmente como efecto de estímulos condicionados y discriminativos asociados, que es posible que todavía no se hayan descondicionado totalmente. No obstante, aunque el tratamiento haya sido eficaz y se hubiera producido la desaparición de dichos EC's, hay que tener en cuenta que los síntomas de la abstinencia (abatimiento, culpabilidad, ansiedad, etcétera) pueden producirse también por otras causas que nada tienen que ver con el juego, pero que se aprendió a resolverlos jugando. Se trata de momentos especialmente críticos que es preciso tener en cuenta como probables inductores de deslices ya que, muy probablemente, provoquen RC de abstinencia, es decir, deseo o necesidad de jugar.

2. Efecto de violación de la abstinencia

Una recaída puede suponer un retroceso importante en el proceso adictivo, llegando a situar de nuevo al jugador en fases previas como contemplación, preparación, o incluso precontemplación (Prochaska y DiClemente, 1984). Lo habitual entonces es que la recuperación de las conductas anteriores concurra con reacciones cognitivas y afectivas que induzcan de nuevo a jugar. Es lo que

Marlatt (1985) definió como *"Efecto de Violación de la Abstinencia"* (ver figura siguiente), que consiste en las reacciones afectivas desagradables y cogniciones desadaptativas que disminuyen la motivación para mantenerse abstinente o que incitan de nuevo al juego.

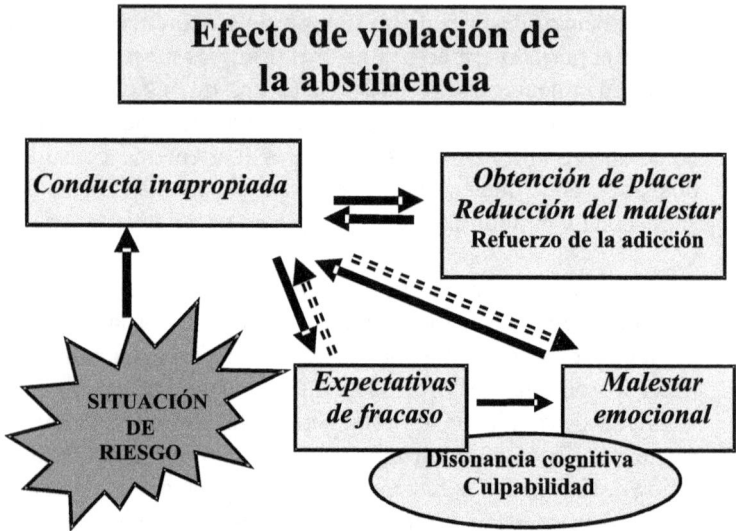

Efecto de violación de la abstinencia

Efecto de Violación de la Abstinencia (EVA)
(modificado de Marlatt, 1985)

Las reacciones afectivas más comunes después de una caída o desliz son culpa y vergüenza, al tiempo que abatimiento y deterioro en autoestima. Tales emociones se intensifican por atribuciones de causalidad de fracaso estables y globales, de cualquier manera desadaptativas, que a su vez son las responsables principales de provocar estados afectivos desagradables, cerrando un círculo que provoca la reaparición de la adicción. Los procesos cognoscitivos más característicos se basan en la incongruencia que provoca el hecho de considerarse recuperado pero, sin embargo, haber vuelto a jugar. La explicación que encuentra el jugador a esta incoherencia es la asunción de que está enfermo y lo estará siempre. La recaída se convierte en una profecía autocumplida.

Es conveniente detenerse un momento en este aspecto, uno de los que mayor discrepancia produce entre el conocimiento científico y el que se asume por parte de algunas asociaciones de autoayuda que, sin duda ninguna, suelen ejercer un papel de extraordinaria relevancia en el tratamiento de las adicciones, en la reinserción social de los adictos y el establecimiento de una red de apoyo social y afectivo para ellos. El rol de enfermo ("soy un adicto y lo seré siempre") procede principalmente de Alcohólicos Anónimos, asociación que apareció en Ohio en 1935, fundada por un corredor de bolsa y un médico. Tal concepción se deduce del hecho de que algunas personas que han dejado de consumir recaen de nuevo después de un trago, aunque haya pasado mucho tiempo. Este fenómeno puede explicarse por el hecho de que, en realidad, no hubiera habido un proceso de recuperación completo, sino una mera "desintoxicación". No se habría producido descondicionamiento de la conducta (extinción y eliminación de las respuestas condicionadas de abstinencia), o ni siquiera se habría entrenado en conductas alternativas. Pero también puede explicarse por el conocimiento de un hecho singular del alcoholismo, que lo diferencia de otras adicciones, incluso de otras drogodependencias. El alcohol es una sustancia tóxica extraordinariamente liposoluble e hidrosoluble, por todo lo cual atraviesa fácilmente las membranas celulares y se difunde por el organismo. El hígado debe metabolizarlo pero la adicción al alcohol provoca un deterioro hepático que, en fases avanzadas del alcoholismo, lo destruyen total e irremediablemente. Así pues, una vez que la adicción al alcohol ha provocado la destrucción del hígado, cualquier dosis de alcohol, por pequeña que ésta sea, provoca una intoxicación. Llegado a este punto, efectivamente, es imperativo no volver a consumir alcohol nunca más. Pero esto en absoluto es extrapolable a las adicciones no tóxicas, en las que no existe un daño irreversible del que uno no pueda llegar a recuperarse y disfrutar de cualquiera de las actividades normales y cotidianas. También, cómo no, del juego.

No obstante, la concepción de enfermo irremediable, aunque errónea científicamente, podría tener alguna ventaja. Y es la de que uno no se permite a sí mismo ni un solo desliz y se encuentra en un permanente control para evitar jugar. Hay que insistir, sin embargo, en que la recuperación pasa por el hecho de que el juego es algo socialmente muy extendido y que es preciso saber convivir con él. Incluso jugar alguna vez, si se desea, siempre que no se trate de una conducta abusiva. Pese a todo, nos queda la opción legítima de quien decide no jugar porque, ni pretende más dinero del que consigue con el honrado trabajo, ni le apetece que sus pérdidas en el juego sean los beneficios de unos cuantos espabilados.

3. Principios psicológicos implicados en las recaídas

La recaída supone el retorno a ejecutar una conducta previamente eliminada o reducida. Existen una serie de principios psicológicos básicos tanto del condicionamiento como de la psicología de la motivación que explican este fenómeno y que nos ayudan a comprender no solamente por qué ocurre, sino también a predecir cuáles serán las condiciones de mayor riesgo de provocarla. Al mismo tiempo, permiten comprender que se trata de un fenómeno comprensible por los principios del aprendizaje, sin necesidad de buscar explicaciones acerca de procesos patológicos que, aunque pueden llegar a darse, son mucho menos frecuentes de lo que en ocasiones se indican.

a. Recuperación espontánea. Descrita ya por Pavlov, la recuperación espontánea consiste en la reaparición de la conducta previamente extinguida como consecuencia, exclusivamente, del paso del tiempo. Un ejemplo típico sería volver a tener necesidad de jugar, o padecer abstinencia en situaciones relacionadas anteriormente con el juego, pero que en la actualidad ya no provocaban ningún deseo de jugar. No existiría ninguna explicación alternativa, ni habría ocurrido nada extraordinario que diera razón de la reaparición de la conducta. Lo que hay que tener en cuenta es que, si no se vuelve a presentar el EI, es decir, si no se vuelve a jugar, la necesidad de jugar será cada vez menos frecuente y de menor intensidad. Se irá espaciando en el tiempo y mitigando hasta desaparecer.

Es muy conveniente que el jugador conozca este fenómeno para que no malinterprete el hecho de que un buen día, sin ninguna razón aparente, vuelva a tener deseos de jugar. Es preciso hacer constar, sin embargo, que no tiene por qué ocurrirle indefectiblemente, sino que es una cuestión de probabilidad. En el caso de que aparezca, lo que tiene que hacer en ese momento, es abandonar la escena (salir del bar, no comprar el boleto, etcétera) y, por supuesto, no jugar.Muy probablemente tardará a volverle a ocurrir, si es que le acontece de nuevo.

b. **Deshabituación**. En otras ocasiones la RC puede reaparecer no por el paso del tiempo, sino por la presentación de un estímulo intenso que, en muchos casos, tampoco tiene que ver con el juego. La deshabituación fue descrita por Pavlov y sus colaboradores en los experimentos sobre neurosis experimentales, singularmente en los experimentos de Rikman en 1927 (Cosnier, 1975). La presentación de un estímulo intenso provocó que reaparecieran respuestas condicionadas previamente extinguidas, además de alteraciones afectivas y conductuales muy importantes. Estímulos o situaciones que tienen una carga afectiva muy elevada provocan una reacción emocional de gran envergadura y la recuperación de respuestas condicionadas previamente extinguidas. A este fenómeno se le denomina deshabituación. Cuando en lugar de extinción la respuesta ha sido eliminada por condicionamiento inhibitorio se habla de **desinhibición** (Domjam, 2003).

Es frecuente que los momentos críticos emocionalmente provoquen recaídas (volver a fumar tras un desengaño amoroso, una crisis económica, etcétera) porque éstos provocan la reaparición de las respuestas condicionadas de abstinencia.

Es preciso hacer constar que los términos deshabituación y desinhibición se utilizan coloquialmente (y muy especialmente en el ámbito de las conductas adictivas) de forma diferente a su significado original y real en términos de condicionamiento. Así cuando se habla de "deshabituación" se refieren a "descondicionamiento", mientras que el término "desinhibición" se utiliza para señalar problemas en el control de los impulsos. Pero, no por un afán de ser puristas, sino porque la precisión terminológica es la premisa inicial del rigor metodológico, deberemos utilizar los conceptos de una forma técnica y precisa.

c. **Refuerzo negativo.** El juego no sólo sirve para obtener recompensas, sino que en fases avanzadas de la adicción se utiliza como una estrategia para reducir el malestar que provoca la abstinencia. Dicho malestar es similar al que provocan otras situaciones que nada tienen que ver con la privación y que pueden ocurrir posteriormente. En estos casos es posible que se vuelva a jugar como estrategia para resolver el estado afectivo desagradable, aunque no tenga relación alguna con el juego ni con la privación del mismo. Es fácil volver a jugar después de una separación conyugal, tras pérdidas económicas, problemas laborales, o cualquier evento vital estresante. Tales situaciones, que no están relacionadas con la abstinencia del juego, provocan un malestar similar al que se padecía en los momentos más duros de la adicción. Puesto que la "solución" a dicho malestar se encontraba en el juego, situaciones que provocan reacciones afectivas parecidas se resolverán, de nuevo, jugando. A esto hay que añadir que las conductas mantenidas mediante reforzamiento negativo son mucho más resistentes a la extinción que las que son controladas por reforzamiento positivo. Comoquiera que no se suelen llevar a cabo procesos sistemáticos de extinción del juego para superar los desórdenes emocionales, es muy probable que cuando éstos aparezcan (con independencia de las causas que los provoquen) generen reacciones de abstinencia condicionadas y esa situación sea especialmente crítica de riesgo de recaídas.

d. **Conflictos de atracción y evitación.** La conducta motivada puede definirse por la intensidad con la que se lleva a cabo y el objetivo al que se dirige, de la misma manera que el movimiento de un cuerpo se define por la velocidad y su dirección (Chóliz,

2003). La motivación es la disciplina de la psicología que estudia los elementos implicados y las fuerzas que mueven la conducta, al igual que la mecánica (disciplina de la física) estudia el movimiento. Una de las fuerzas principales que ejercen efecto sobre el comportamiento es la **atracción** o **repulsión** de las metas u objetivos. El juego ejerce el doble efecto de atracción (por las posibles ganancias) y repulsión (por las probables pérdidas). Durante el proceso adictivo las fuerzas de atracción superan a las de evitación y ello favorece el juego.

Una de las características de las metas que ejercen tanto atracción como repulsión es que las fuerzas de atracción manifiestan su efecto incluso aunque se encuentren alejadas, mientras que las consecuencias aversivas sólo son evidentes una vez que nos acercamos a ellas (Miller, 1944). Después de un largo periodo de abstinencia, el jugador recuerda mucho mejor los buenos momentos pasados, los beneficios que alguna vez obtuvo o incluso las sensaciones placenteras asociadas al juego. Le resultan más lejanos los problemas económicos y familiares que el juego le acarreó en su día. La prevención de recaídas debe centrarse en cambiar esta correlación de fuerzas, minimizando los aspectos positivos del juego y no permitiendo que se olviden sus perjuicios.

Permítaseme una digresión al respecto. Muchas asociaciones de exjugadores (como de exalcohólicos) utilizan la terapia de grupo como apoyo socioafectivo. Los participantes comentan públicamente sus experiencias y sus intervenciones suelen comenzar con una frase del estilo: "Me llamo Juan, soy jugador y llevo 257 días sin jugar". Esta fórmula tiene su interés porque lo que está promoviendo es, precisamente, que no desaparezcan las fuerzas de evitación del juego a pesar de que éste ya se encuentre temporalmente muy alejado. La eficacia de esta actitud radica en que se magnifican los beneficios que tiene para él la vida sin juego, al tiempo que no se olvidan los graves problemas que en su día le provocó el jugar demasiado.

4. Entrenamiento en prevención de recaídas

Como hemos indicado al tratar el *Efecto de Violación de la Abstinencia*, las recaídas aparecen cuando en las situaciones de riesgo no se dispone de recursos apropiados para enfrentarse a las crisis que pueden provocar la reaparición del síndrome de abstinencia, o de reacciones afectivas similares a éste. Todo tratamiento debe dotar al jugador de recursos psicológicos, que no son sino estrategias de afrontamiento entrenadas previamente para que se ejecuten eficaz y automáticamente cuando se precise. El entrenamiento en prevención de recaídas debe consistir básicamente en los siguientes aspectos:

a. **Identificación de las situaciones de riesgo**. Existen unas situaciones críticas ante las que el jugador debe disponer de recursos para no volver a jugar. Sin ánimo de ser exhaustivos, éstas son las siguientes: a) disponibilidad de dinero; b) presencia de estados de ánimo desagradables, emociones intensas negativas provocadas por diversas circunstancias; c) presión social para jugar y d) presencia de estímulos condicionados asociados al juego (máquinas, salas de bingo, alcohol). El entrenamiento en prevención de recaídas debe comenzar por identificar las situaciones de riesgo y establecer una jerarquía con las principales de ellas. En este proceso, al igual que en el caso del contracondicionamiento, el jugador debe tener un papel activo para identificar y singularizar los momentos de crisis.

b. **Entrenamiento de las estrategias** necesarias para enfrentarse a dichas situaciones. Las recaídas aparecen porque en los momentos críticos no se disponen de las estrategias conductuales para hacerles frente, o éstas no se ejecutan apropiada y automáticamente. Se repiten los patrones desadaptativos previos al tratamiento, en este caso, jugar. Es por ello que todo tratamiento de adicción al juego debe contar con unas sesiones finales en las que se escenifiquen las situaciones probables de crisis, previamente identificadas, ante las cuales el paciente debe reaccionar de forma apropiada y, a ser posible, automática con estrategias alternativas al juego. El trabajo en grupo suele ser especialmente útil en esta fase, utilizándose procedimientos de moldeamiento y aprendizaje vicario.

c. **Seguimiento**. Todo tratamiento debe finalizar concertando visitas al cabo de un tiempo (preferiblemente al mes, a los tres meses y al cabo del año), con la finalidad de comprobar que, efectivamente, no se han producido recaídas, así como de poder intervenir a tiempo en el caso de que se hayan producido. Además de mantener hábitos apropiados, con ello también se incrementan las expectativas de eficacia y resultado, variables que se han demostrado eficaces en la mejoría terapéutica. Es útil en este caso disponer de una tarjeta en la que figuren los teléfonos de contacto y las fechas en las que debe llevarse a cabo el seguimiento. Puede aparecer en el dorso la información concreta y precisa sobre qué hacer durante una crisis.

A modo de ejemplo, las instrucciones indicadas podrían ser las siguientes:

¿Has vuelto a jugar?
No te preocupes: mejor, ocúpate

1. Detente. No sigas jugando.
2. Cálmate. Aléjate de la situación donde te encuentras
3. Analiza qué es lo que ha ocurrido
4. Piensa lo que has hecho anteriormente para superar estas crisis y que resultó eficaz
5. Determina qué vas a hacer para no volver a jugar
6. Cuéntaselo a quien te pueda echar una mano
7. Llama al teléfono del terapeuta que aparece en esta tarjeta

---

Ejemplo de entrenamiento en prevención de recaídas

Problema: Mario lleva tres meses sin jugar. Un antiguo amigo de juego le llama por teléfono y le dice que han abierto una sala nueva y que va a ir a verla y tomar una copa. Mario recuerda las veces que ha ganado dinero en salas de juego y le entran ganas de acompañarle. Le dice a su mujer que le ha llamado un amigo que hace tiempo que no ve y han quedado para comer. Se dirige hacia el salón de juego y pide una copa. Se da una vuelta por las máquinas, observando cómo juegan los demás. Ve una que le gusta y que piensa que puede tocar. Tiene la intención de echar sólo unas monedas. Juega las que había pensado y gana. Es una buena máquina. Sigue jugando hasta perder mucho dinero. Vuelve a casa tarde y, avergonzado, le dice a su mujer que su amigo necesitaba dinero y se lo ha prestado. Su mujer no le cree, piensa que ha vuelto a las andadas y discuten. En el transcurso de la discusión se marcha de casa y se va al bar. Pierde mucho más dinero en las tragaperras.

Procedimiento: Tanto para explicar la recaída, como para desarrollar estrategias de prevención resulta muy conveniente entenderla como una cadena conductual. Cuanto antes se intervenga, más probabilidad de éxito, aunque siempre se puede hacer algo que mejore la situación, incluso después de la discusión y pérdida de dinero.

Así pues, dividiremos la cadena conductual en diferentes eslabones, a saber:

1: Mario lleva tres meses sin jugar. Un antiguo amigo de juego le llama por teléfono y le dice que han abierto una sala nueva y que va a ir a verla y tomar una copa.

2: Mario recuerda las veces que ha ganado dinero en salas de juego y le entran ganas de acompañarle.

3: Le dice a su mujer que le ha llamado un amigo que hace tiempo que no ve y han quedado para comer

4: Se dirige hacia el salón de juego y pide una copa.

5: Se da una vuelta por las máquinas, observando cómo juegan los demás.

6: Ve una que le gusta y que piensa que puede tocar. Tiene la intención de echar sólo unas monedas.

7: Juega las que había pensado y gana. Es una buena máquina.

8: Sigue jugando hasta perder mucho dinero. Vuelve a casa tarde y, avergonzado, le dice a su mujer que su amigo necesitaba dinero y se lo ha prestado.

9: Su mujer no le cree, piensa que ha vuelto a las andadas y discuten. En el transcurso de la discusión se marcha de casa y se va al bar. Pierde mucho más dinero en las tragaperras.

Después de cada una de las etapas de la recaída se pueden llevar a cabo diferentes conductas que "rompan" la cadena e impidan que Mario vuelva a jugar. El entrenamiento en prevención de recaídas debe suministrar varias alternativas posibles para cada situación y escenificarlas, preferiblemente en grupo, puesto que es una buena de manera de automatizar las estrategias y desempeñar ese papel en el caso de que aparezca una situación parecida. Una persona representará a Mario y otros participantes pueden hacer de amigo, mujer, etc. El resto del grupo no son meros espectadores, sino que tendrán una participación activa explicando posteriormente qué es lo que ocurrió y cómo creen que debería haber reaccionado en cada caso.

Secuencia 1: *Mario lleva tres meses sin jugar. Un antiguo amigo de juego le llama por teléfono y le dice que han abierto una sala nueva y que va a ir a verla y tomar una copa.*

Posibles conductas alternativas:

a. Se lo dice a su mujer. Seguro que le quitará la idea. Además puede ser un buen control externo.

b. Le dice francamente a su amigo que lleva tres meses sin jugar y que su psicólogo le ha dicho que es una situación peligrosa para él. Le invita a casa, o a quedar en otro lugar.

Secuencia 2: *Mario recuerda las veces que ha ganado dinero en salas de juego y le entran ganas de acompañarle.*

Posibles conductas alternativas:
a. Piensa en las consecuencias negativas que le ha acarreado el juego: pérdidas económicas, problemas familiares y de pareja, baja laboral, etc. y las recuerda activamente. Saca las facturas del psicólogo y los avisos de embargo.
b. Invita a su mujer a salir a cenar

Secuencia 3: *Le dice a su mujer que le ha llamado un amigo que hace tiempo que no ve y han quedado para comer (miente para tener una excusa)*

Posibles conductas alternativas:
a. Sale con poco dinero y sin tarjetas de crédito
b. Se lo piensa mejor, da una vuelta por el barrio y vuelve a casa
c. Cambia de ruta y se va a dar una vuelta (comer a un restaurante, ir a un centro comercial o cualquier lugar que le agrade, pero sin posibilidad de juego)

Secuencia 4: *Se dirige hacia el salón de juego y pide una copa.*

Posibles conductas alternativas:
a. Pide una consumición sin alcohol
b. Evita acercarse a las máquinas. Entabla una conversación con el camarero hasta que se le pase el deseo de jugar.
c. Llama a su mujer y queda con ella para hacer alguna compra, o dar un paseo

Secuencia 5: *Se da una vuelta por las máquinas, observando cómo juegan los demás.*

Posibles conductas alternativas:
a. Se dice a sí mismo que no va a jugar. Recuerda los malos momentos y los problemas que le provocó el juego
b. Recuerda lo que aprendió en el tratamiento acerca de las máquinas y los errores cognitivos del jugador

c. Se imagina la máquina como un monstruo que devora su dinero y lo atrapa.

Secuencia 6: *Ve una que le gusta y que piensa que puede tocar. Tiene la intención de echar sólo unas monedas*[18]

Posibles conductas alternativas:
a. Saca la tarjeta de autorregistro (que todavía lleva en la cartera) y se dispone a anotar el dinero que va a gastar
b. Se imagina todas las veces en las que ha perdido dinero en la máquina, recuerda las sensaciones de vergüenza, abatimiento y frustración.
c. Se va rápidamente a la barra y se gasta el dinero en un pincho de tortilla y una bebida sin alcohol.

Secuencia 7: *Juega las que había pensado y gana. Es una buena máquina.*

Posibles conductas alternativas:
a. Recoge el dinero y se marcha.
b. Llama por teléfono a su mujer y queda con ella inmediatamente.
c. Entrega el dinero ganado a una asociación ideológicamente contraria, para que el dinero no refuerce el juego.

Secuencia 8: *Sigue jugando hasta perder mucho dinero. Vuelve a casa tarde y, avergonzado, le dice a su mujer que su amigo necesitaba dinero y se lo ha prestado..*

Posibles conductas alternativas:
a. Le dice a su mujer lo que le ha ocurrido, que se siente avergonzado y le pide ayuda para que no vuelva a ocurrir.
b. Llama al psicólogo (si son horas). Concierta una cita para lo antes posible

---

[18] Uyuyuy.

Secuencia 9: *Le dice a su mujer que su amigo necesitaba dinero y le ha prestado. Su mujer no le cree, piensa que ha vuelto a las andadas y discuten. En el transcurso de la discusión se marcha de casa y se va al bar. Pierde mucho más dinero en las tragaperras.*

Posibles conductas alternativas:
a. Sacar el documento firmado en el que se comprometía a que cuando hubiera una recaída llamaría al psicólogo y su mujer le controlaría el dinero
b. Iniciar de nuevo el tratamiento

V. REFERENCIAS BIBLIOGRÁFICAS

Bandura, A. (1982): Self-efficacy mechanism in human agency. *American Psychologist, 37,* 122-147.

Berkowitz, L. (1996). *Agresión: causas, consecuencias y control.* Bilbao: DDB.

Binde, P. (2007). Gambling and religion: Histories of concord and conflict. *Journal of Gambling Issues, 20,* 145-165.

Brown, I. (1999). Arousal, disociación y cognición en el juego normal y problemático. *Anuario de psicología, 30,* 79-92

Carballo, J.L., Secades, R., Fernández, J.R., García, O. y Sobell, C. (2004). Recuperación de los problemas de juego patológico con y sin tratamiento. *Salud y drogas, 4,* 61-78.

Chóliz, M. (2003). Procesamiento motivacional. En E.G. Fernándes-Abascal, Jiménez y Martín (Eds.). *Emoción y Motivación, Vol. II (pp. 501-568).* Madrid: Editorial Centro de Estudios Ramón Areces.

Chóliz, M. (2006). Adicción al juego: sesgos y heurísticos implicados en los juegos de azar: *Revista española de Drogodependencias, 31,* 173-184.

Chóliz, M. (2008). ¿Es el optimista un pesimista mal informado? Razón y emoción en la búsqueda de la felicidad. En E.G. Fernández-Abascal (Ed.). *Emociones positivas (pp. 196-214).* Madrid: Pirámide.

Chóliz, M. e Iñiguez, C. (2002). Emociones sociales II (enamoramiento, celos, envidia y empatía). Rn F. Palmero, E:G: Fernández-Abascal, F. Martínez y M. Chóliz (Eds.): *Psicología de la Motivación y Emoción (pp. 395-418).* Madrid: McGrawHill.

Chóliz, M. y Villanueva, V. (2007). *Motivación para el juego: heurísticos de disponibilidad y representatividad como factores responsables de la adicción al juego.* V Simposio de la Asociación de Motivación y Emoción. San Sebastián, 11 y 12 de mayo de 2007.

Cosnier, J. (1975). *Neurosis experimentales.* Madrid: Taller Ediciones JB.

Csikszentmihalyi, M. y Csikszentmihalyi, I.S. (1998). *Experiencia óptima: estudios del flujo en la conciencia.* Bilbao: DDB.

Dickerson, M. (2003). The evolving contribution of gambling research to addiction theory. *Addiction, 98,* 709.

Domjam, M. (2003). Principios de aprendizaje y de conducta. Madrid: Thomson.

Domjam, M. y Burkhard, B. (1990): *Principios de aprendizaje y de conducta.* Madrid: Debate.

Dostoievski, F. (1866-1980). *El jugador.* Madrid: Alianza.

Echeburúa, E. (1999). *¿Adicciones sin drogas?.* Bilbao: DDB.

Echeburúa, E. y Báez, C. (1994). Tratamiento psicológico del juego patológico. En J.L. Graña (Ed.). *Conductas Adictivas: teoría, evaluación y tratamiento.* Madrid: Debate.

Edwards, G., Arif, A. y Hodgson, R. (1981). Nomenclature and classification of drug and alcohol related problems: A World Health Organization Memorandum. *Bulletin World Health Organization, 59,* 225-242.

Fernández-Alba, A. (2004). Tratamiento cognitivo-conductual del juego patológico. *Salud y drogas, 4,* 79-96.

Fernández-Alba, A. y Labrador, F. (2002). *Juego patológico.* Madrid: Síntesis.

Ferster, C.B. y Skinner, B.F. (1957). *Schedules of reinforcement.* Englewood Cliffs: New Jersey.

Gibson, B., Sanbonmatsu, D.M. y Posavac, S.S. (1997). The effects of selective hipothesis testing on gambling. *Journal of Experimental Psychology: Applied, 3 (2)*, 126-142.

Joukhador, J., Blaszcynski, A. y Maccallum, F. (2004). Superstitious beliefs in gambling among problem and non-problem gamblers: Preliminary data. *Journal of Gambling Studies, 20 (2)*, 171-180.

Kelly, J. A. (1987). *Entrenamiento de las habilidades sociales*. Bilbao: DDB.

Ladouceur, R., Ferland, F., Roy, C., Pelletier, O., Bussieres, E.L. y Auclair, A. (2004). Prevention du jeu excessif chez les adolescents: une approche cognitive. *Journal de Therapie Comportamentale et Cognitive, 14*, 124-130.

Ladouceur, R., Sylvain, C., Boutin, C. y Doucet, C. (2002). *Understanding and treating the pathological gambler*. Chichester: John Wiley & Sons.

Lesieur, H.R. y Blume, S.B. (1989). When lady luck loses : Women and compulsive gambling. En N. van dern Bergh (ed.), *Feminist perspectives of treating addictions*. New York: Springer.

Lumley, M.A. y Roby, K.J. (1995). Alexithymia and pathological gambling. *Psychotherapy and Psychosomatics, 63,* 201-206.

Marlatt, G.A. y Donovan, D.M. (2005). *Relapse prevention: maintenance strategies in the treatment of addictive behaviors*. New York: Guilford Press.

Marlatt, G.A. (1985). Lifestyle modification. En G.A. Marlatt y J.R. Gordon (eds.), *Relapse prevention*. New York: Guilford Press.

Marlatt, G.A. y Gordon, J.R. (1989). Relapse prevention: New directions. En M. Gossop (Ed.). *Relapse and Addictive Behaviour*. Londres: Tavistock.

Martignoni-Hutin, J. P. (1993). *Faites vos jeux : essai sociologique sur le joueur et l'attitude ludique*. Paris : L'Harmattan.

Martignoni-Hutin, J. P. (2000). *Ethno-sociologie des machines à sous*. Paris : L'Harmattan.

McConaghy, N., Blaszcynsky, A.P. y Frankova, A. (1991). Comparison of Imaginational Desensitization with others behavioural treatments of pathological gambling: A two to nime year follow-up. *British Journal of Psychiatry, 159*, 390-393.

Millenson, J. R. (1974). Principios del análisis conductual. México: Trillas.

Miller, N.E. (1944). Experimental studies of conflict. En J.M. Hunt (ed.), *Handbook of Experimental Psychology*. New York: Wiley.

Miller, W.R. y Rollnick, S. (1999). *La entrevista motivacional*. Barcelona: Paidós.

Petry, N.M. (2006). Should the scope of addictive behaviours be broadened to include pathological gambling? *Addiction, 101 (Suppl. 1)*, 152-160.

Pierce, W.D. y Epling, W.F. (1995). *Behavior Análisis and Learnig*. Englewood Cliffs: Prentice Hall.

Potenza, M.N. (2006). Should addictive disorders include non-substance-related conditions. *Addiction, 101 (Suppl. 1)*, 142-151.

Prochaska, J.O. y DiClemente, C.C. (1984). *The transtheoretical approach: Crossing the traditional boundaries of therapy*. Homewood: Dorsey Press.

Sank, L. I. y Shaffer, C. S. (1993). Manual del terapeuta para la terapia cognitiva conductual en grupos. Bilbao: DDB.

Siegel, S. (1975). Evidence from rats that morphine tolerante is a learned response. *Journal of Comparative and Physiological Psychology, 89*, 498-506)

Siegel, S. (1984). Pavlovian conditioning and heroin overdose: Reports by overdose victims. *Bulletin of the Psychonomic Society, 22*, 428-430.

Siegel, S., Hinson, R. E., Krank, M. D. y McCully, J. (1982). Heroin overdose and death: The contribution of drug associated environmental cues. *Science, 216,* 436-437.

Strickland, L.H., Lewicki, R.J. y Katz, A.M. (1966). Temporal orientation and perceived control as determinants of risk-taking. *Journal of Experimental and Social Psychology, 2,* 143-151.

Sulzer-Azaroff, B. y Mayer, G. R. (1990). Procedimientos del análisis conductual aplicado a niños y jóvenes. México: Trillas.

Tversky, A. y Kahneman, D. (1973). Availability: A heuristic for judging frequency and probability. *Cognitive Psychology, 5,* 207-232.

Tversky, A. y Kahneman, D. (1981). The frame of decisions and the psychology of choice. *Science, 211,* 453-458.

Tversky, A. y Kahneman, D. (1982). Judgments of and by representativeness. En D. Kahneman, P. Slovic y A. Tversky (eds.), *Judgment under uncertainty: heuristics and biases* (pp. 84-98). Cambridge: Cambridge University Press

Velicer, W. F., Prochaska, J. O., Rossi, J. S. y Snow, M. G. (1992). Assessing outcome in smoking cesations studies. *Psychological Bulletin, 111,* 23-41.

Weiner, B. (1986). *An attributional theory of motivation and emotion.* Hillsdale: Lawrence Erlbaum.

Tversky, A. & Kahneman, D. (1973). Availability: A heuristic for judging frequency and probability. *Cognitive Psychology, 5,* 207-232.

EPÍLOGO: EL CASO "GRAN SCALA"

A finales del año 2007 apareció en la prensa el proyecto "*Gran Scala*", un macroparque de juego que tendría prevista su construcción en los Monegros. Desde el principio la comparación con Las Vegas fue inmediata y evidente, y no sólo por el hecho de que se fuera a erigir en un desierto, sino por su propia concepción y envergadura, sus dimensiones económicas y hasta sus conexiones políticas.

La magnitud del proyecto tiene cifras de vértigo: más de 17.000 millones de euros de inversión para construir en 2.020 hectáreas nada menos que 32 casinos, 70 hoteles, cinco parques temáticos, un hipódromo, 500 comercios, 200 restaurantes o varios campos de golf, que convertirían esa tierra estepara (hermosa, sin duda) en uno de los principales focos de atracción turística de Europa, con previsiones que rondan los 20 millones de visitas anuales. Y todo ello girando (como en la ruleta) en torno al juego.

Gobiernos, empresas y el 85% de los ciudadanos encuestados se mostraban encantados por la idea. Solamente algunos partidos de izquierda, unas cuantas asociaciones ciudadanas y de exjugadores, así como el movimiento ecologista en pleno manifestaron su oposición al proyecto.

Un texto científico de adicción al juego que tiene como objetivo prioritario el conocimiento, prevención e intervención en la principal de las adicciones no tóxicas, no podría soslayar uno de los proyectos de mayor envergadura que se van a llevar a cabo en España sobre el juego de azar. Nuestra posición sobre *Gran Scala,* desde la perspectiva de la investigación y tratamiento de la adicción al juego, no puede ser otra que la del rotundo rechazo al mismo. Y ello por razones más que justificadas que explicaremos a continuación.

No ahondaremos en cuestiones financieras (cuatro empresas radicadas en paraísos fiscales controlaban el 60% del capital de la promotora cuando se presentó el proyecto), monetarias (los gastos y beneficios del juego tienen una opacidad fiscal que, en el caso de Las Vegas, han estado ligados desde el principio a actividades mafiosas), políticas (el Gobierno aragonés se comprometió a ejecutar las infraestructuras y servicios necesarios, así como modificar la ley del Juego (¡!) para que fuera posible construir *Gran Scala*), ecológicas (se precisan infraestructuras que tendrán impacto ambiental en áreas protegidas, se requiere suministro de agua en zonas desérticas), etcétera. A pesar de que entendemos que esas cuestiones ponen en duda la bondad del proyecto, nuestra posición de rechazo se fundamenta en la psicología de la adicción, ya que un proyecto semejante no solamente atenta contra cualquier principio preventivo de la adicción al juego, sino que la favorece, promueve e incita.

Analizaremos *Gran Scala* centrándonos en el modelo explicativo del juego que hemos propuesto anteriormente. Según este modelo, para entender la aparición de la adicción al juego deben tenerse en cuenta una serie de factores que favorecen e incitan dicha conducta. Los primeros que hay que analizar son los denominados *antecedentes predisponentes*. Se trata de las condiciones ambientales y sociales que favorecen la aparición del juego socialmente y que hacen que ésta sea una conducta probable para algunas personas en determinadas circunstancias. Posteriormente las características propias de cada juego, así como otras variables de índole personal harán que algunos de ellos lleguen a padecer un auténtico trastorno adictivo. Cualquier estrategia de prevención debe atender a estos factores antecedentes para evitar que se inicie la conducta adictiva. *Gran Scala* afecta a todos ellos, influyendo en la dirección opuesta a cualquier programa de prevención.

Los factores antecedentes predisponentes se dividen en cuatro: cultura del juego, valores materialistas, aprendizaje vicario y actitudes positivas hacia esta actividad. Respecto a la *cultura de juego*, ya hemos descrito cuál ha sido la evolución en nuestra reciente historia democrática al respecto y cómo hemos llegado a disponer en la actualidad de una de las legislaciones más permisivas, especialmente en lo que hace referencia a máquinas tipo "B", todo lo cual ha supuesto un espectacular incremento en el gasto. Solamente para ciertos tipos de juego algunos países tienen legislaciones más permisivas al respecto, como es el caso de las apuestas en Gran Bretaña, o los casinos en Francia. En cuanto a los casinos, que es el tema que nos ocupa, esto se debe en parte al hecho de que en algunos países centroeuropeos existe una mayor tradición para acudir a este tipo de instalaciones, disponen de mayor oferta y son más accesibles. En España la legislación actual limita las licencias de apertura, al tiempo que el juego en casinos todavía se considera una actividad elitista. Pero el proyecto *Gran Scala* va a suponer un cambio radical en este sentido. Se tiene previsto construir 32 casinos, cuando en la actualidad en toda España "solamente" existen 40. Pero además, se pretende favorecer su acceso construyendo infraestructuras viales y aéreas o erigiendo a su alrededor otras instalaciones de ocio que induzcan a acercarse al parque. La legislación actual, que limitaba el número de casinos que podían instalarse por provincias, ya no será un obstáculo puesto que desde los poderes públicos están dispuestos a modificar las leyes para hacer posible el proyecto, tal y como ya han manifestado en reiteradas ocasiones. En lugar de adecuar el proyecto a la legislación, ésta se modifica para hacer posible el proyecto, lo cual resulta cuando menos sospechoso en un estado de derecho. En muy poco tiempo, la asistencia a casinos será una actividad, no ya elitista, sino habitual en nuestra ociosa sociedad y *Gran Scala* supondrá un hito (indeseable, pero un hito a fin de cuentas) en nuestra historia sobre el juego, al que añadir a la creación de la Lotería Nacional (1763), la legalización de bingos y casinos (1977), o de máquinas tragaperras (1981).

El segundo de los factores, la importancia de los *valores materialistas*, es evidente en un proyecto que maneja inversiones multimillonarias y que, como ya es habitual en las sociedades capitalistas, asocia lo bueno a lo rentable. La publicidad se dedica con contumaz persistencia a presentar el juego como una actividad rentable, con la que es posible ganar dinero fácilmente y sin esfuerzo[19]

---

[19] En la actualidad estamos finalizando un programa de prevención de la adicción al juego para adolescentes. Uno de los aspectos más importantes de dicho programa es la crítica de los valores materialistas que sustentan social y políticamente el juego de azar. Resulta muy difícil intentar explicar a los chavales que es una

cuando, irónicamente, una de las consecuencias más dramáticas de la adicción al juego es la ruina económica personal y, en la mayoría de los casos, familiar. El proyecto, que se supone que generará importantes beneficios a empresas del sector y a otras relacionadas con esta actividad, propietarios de los terrenos, o la propia Administración se sustenta en el bolsillo de los adictos.

El tercero de los antecedentes que es preciso considerar es el *condicionamiento vicario*. Aprendemos a llevar a cabo conductas mediante la observación de lo que hacen los demás. El apoyarse en modelos es una estrategia muy eficaz para adquirir pautas de comportamiento sin tener necesidad de llevar a cabo conductas erráticas o dedicar mucho tiempo a la búsqueda y exploración. En este sentido, es especialmente importante la visibilidad. Publicidad, propaganda o muchas de las noticias de prensa aparentemente neutras magnifican tanto la importancia de los premios de los juegos de azar como la probabilidad de conseguirlos. Cuanto más visible sea un patrón de conducta, mayor es la probabilidad de que se acepte socialmente y se repita. Son visibles las ganancias, los premios, los afortunados. Están ocultas las pérdidas, la desesperación y la miseria.

Finalmente, respecto a las *actitudes positivas* hacia el juego, en *Gran Scala* los casinos estarán rodeados de un entorno agradable (cinco parques temáticos, museos, centros comerciales). De hecho, se publicita como "parque de ocio y juego", presentándolo con una imagen amable que oculta el principal objetivo de las empresas que lo promueven, que no es otro que el lucro. Al mismo tiempo se señala la cantidad de puestos de trabajo que se generarán, así como el hecho de que favorecerá la revitalización de una comarca económicamente deprimida, todo lo cual casi lo convierte en una empresa de interés general. El hecho de que sea absolutamente deseable (y hasta de justicia) invertir precisamente allí donde más lo necesiten, no puede cegarnos hasta el punto de que se haga a cualquier precio, que en este caso no es otro que el de las pérdidas de los jugadores.

---

falacia lo de ganar mucho dinero sin esfuerzo, o de que hay cosas más importantes en la vida que ser millonario, cuando desde todos los ámbitos sociales, incluidos los propios gobiernos, se insiste en lo contrario.

Sirva como último ejemplo del interés por mostrar y favorecer una actitud positiva hacia el juego, las declaraciones del vicepresidente del Gobierno de Aragón, José Angel Biel, quien llegó a decir que el proyecto demostraba que el gobierno no era puritano (*sic*), confundiendo falazmente el rechazo que nos produce la prohibición del juego por cuestiones morales (al más puro estilo franquista) con una permisividad excesiva sobre el juego de azar, que lo que favorece es la incitación al juego y la aparición de trastornos adictivos.

ÍNDICE

www.ingramcontent.com/pod-product-compliance
Lightning Source LLC
LaVergne TN
LVHW051128080426
835510LV00018B/2294